OLLIVIER BEAUREGARD

ITALIE

CORRESPONDANCE, NOTES ET SOUVENIRS

PREMIÈRE PARTIE

—

DE MARSEILLE A CIVITA-VECCHIA ET A ROME

BORDEAUX

IMPRIMERIE AUGUSTE LAVERTUJON, RUE DE GRASSI, 7

—

1868

ITALIE

CORRESPONDANCE, NOTES ET SOUVENIRS

———

PREMIÈRE PARTIE

DE MARSEILLE A CIVITA-VECCHIA ET A ROME

———

I

Civita-Vecchia, le 9 avril 1865.

Madame,

Il était six heures moins quelques minutes, heure de Paris, quand, ce matin, le *Vatican* laissa tomber son ancre dans le port de Civita-Vecchia.

Civita-Vecchia est le port de Rome; et Rome, grâce au chemin de fer, n'en est plus qu'à deux heures de distance.

Le premier départ étant à sept heures, nous avons une heure devant nous, et, dans une heure de temps, des gens bien intentionnés, avides d'agir et d'arriver, peuvent débarquer et repartir.

Aussi, parmi les passagers qui vont quitter le *Vatican*, c'est à dire aller à Rome, nul ne doute de la possibilité de profiter du premier départ du chemin de fer, pour peu qu'il soit fait diligence par les préposés à la police des États romains dans l'accomplissement des formalités à remplir par les étrangers pour être admis à circuler sur les terres pontificales. A voir, du restc, la fiévreuse activité des intéressés, on comprend que le retard, s'il en survient, ne relèvera pas de leur fait.

Hélas! il ne peut être donné à personne de prévoir la béate volupté avec laquelle Messieurs de la police pontificale savourent les lenteurs et les exigences par lesquelles ils font, un à un, passer à l'étroit chacun des débarquants.

Seuls de tous les passagers, le duc et la duchesse de Persigny, réclamés à bord par l'officier français qui commande la place de Civita-Vecchia, peuvent, en sa compagnie, descendre à terre sans subir aucun des délais qui nous ont été imposés; et ces voyageurs privilégiés étaient déjà à Rome, que nous n'avions pas encore pu quitter le *Vatican*.

J'ai été assez fâcheusement impressionné des facilités de débarquement et de départ procurées au duc et à la duchesse de Persigny; non pas que je sois jaloux de leur notoriété et que je leur fasse un crime des avantages personnels qu'elle leur procure, mais parce qu'il est cent fois vrai que les facilités faites sous les pas des personnes dont l'intervention peut utilement s'exercer pour le redressement des griefs dont souffre le public sont, dans une certaine mesure, la suppression du droit qu'il a de se plaindre, et des moyens mis par les circonstances à sa disposition pour élever la voix et faire entendre sa plainte en bon lieu avec quelque autorité.

Si, comme les autres passagers du *Vatican*, le duc de Persigny et sa sémillante compagne avaient subi les effets du sans-façon, plein de froide importance, des agents de la police pontificale; si, comme chacun de nous, ils eussent pris rang pour payer, à leur tour d'appel, les 10 baïoques — 55 centimes — réclamés par le fiscal pour l'enregistrement de leur passeport; s'ils eussent dû, comme chacun de nous, prendre la file à l'étroit guichet par où passent, un à un, les voyageurs pour retirer leur passeport contre la remise du reçu qui leur en a été préalablement donné à bord, M. le duc de Persigny aurait certainement compris qu'il est possible de mieux faire, et il aurait porté en bon lieu des observations motivées contre l'insuffisance du personnel de la police pontificale; contre les lenteurs vexatoires que cette insuffisance et les instructions trop minutieuses dont elle se complique, font endurer aux voyageurs à leur arrivée sur le territoire des États de l'Église. Il serait alors advenu qu'en réclamant pour lui, il aurait indirectement réclamé pour tous; et cette égalité de M. de Persigny devant la loi commune, n'eût-elle eu pour résultat que cette démarche, n'en eût pas moins été une bonne fortune pour tous les visiteurs de Rome, parce que, faite avec l'autorité qui tout naturellement relève de sa position, cette démarche de M. de Persigny aurait eu la portée d'un blâme sévère, et, par conséquent, aurait ouvert une chance de redressement.

Mille petites et tyranniques difficultés entravent à chaque instant la course des populations dans le champ de la vie publique. Les plaintes qu'elles font entendre à ce sujet, généralement taxées d'exagérations, sont traitées comme telles, et l'on ne voit guère les difficultés dont elles souffrent s'effacer ou s'amoindrir que le lendemain du jour où quelque puissant personnage s'est trouvé dans l'obligation d'en subir, bon gré, mal gré, les inconvénients.

Il est donc bon pour tout le monde que les puissants personnages se trouvent, comme chacun de nous, aux prises avec les difficultés. Eux y gagnent d'avoir l'occasion de prouver, aux yeux de tous, la valeur et la signification de leur superbe individualité, et nous y gagnons le redressement des griefs dont ils ont souffert comme nous et avec nous.

Quoi qu'il en soit, il est près de dix heures, et, comme tous mes compagnons de route, M. de Persigny excepté, je dois attendre pendant quatre heures et demie avant de pouvoir quitter Civita-Vecchia.

J'en prends bravement mon parti : j'ai ici à qui parler, et, dans tous les cas, je trouverai bien à employer utilement mon temps. Il doit y avoir à Civita-Vecchia des souvenirs de Trajan et de Michel-Ange.

Sur la table d'hôtel où l'on dispose notre déjeuner, je viens de clore mon journal de bord. Je vous l'adresse avec cette lettre. Le courrier pour la France qui, venant de Malte et en dernier lieu de Naples, doit passer ici demain matin, l'emportera à Marseille.

Ce sera, Madame, la première des causeries dont je me trouve très heureux de me savoir votre débiteur pendant le cours de mon voyage en Italie.

———

II

A bord du *Vatican*, le 6 avril 1865.

Le *Vatican* est un des bateaux vétérans de la flotte à vapeur des services maritimes de la Compagnie des Messageries impériales dans la Méditerranée. Il est commandé par le capitaine Rossi. Le *Vatican* a la réputation d'être bon marcheur. L'administration des Messageries impériales est, du reste, dans l'habitude de tracer à ses navires leur programme de route, et de le faire connaître avec soin et d'avance à ses clients.

Voici, quant au trajet qui me concerne — de Marseille à Civita-Vecchia — le programme de route auquel doit satisfaire le *Vatican* pour le présent voyage : Départ de Marseille à deux heures de l'après-midi; arrivée à Gênes à une heure, le lendemain soir. Départ de Gênes le même jour, à huit heures du soir; arrivée à Livourne à six heures, le lendemain matin. Départ de Livourne le même jour, à quatre heures du soir; arrivée à Civita-Vecchia à six heures le lendemain matin.

Ce programme intelligent fait ainsi voyager les passagers pendant la nuit, et leur donne le jour pour visiter les villes d'escale, tandis que le bateau, débarrassé de sa cargaison humaine, fait à l'aise son charbon et ses affaires.

A deux heures fixe, nous quittons Marseille. Le soleil est radieux; la mer est belle. La traversée promet d'être agréable.

Le printemps est par excellence la saison des voyages en Italie. A ce moment de l'année, la température y est douce; les chemins sont encore sans poussière; les villes sont exemptes des exhalaisons méphitiques qui s'élèvent des fossés de leurs fortifications et des marais voisins sous l'influence du soleil des jours caniculaires, et la campagne a revêtu ses plus frais atours de fleurs et de verdure, qui forment la livrée sans cesse renaissante de son éternelle jeunesse.

Nous en sommes d'ailleurs aux approches du temps pascal; à Rome, temps de solennités et de pratiques religieuses qui mettent en scène l'Évêque-primat de la catholicité et le sacré-collége des cardinaux, avec un luxe d'intention, d'action et de costumes qui depuis longtemps est, pour les voyageurs qui tiennent à connaître l'Italie au physique et au moral, aussi bien que pour les catholiques fervents, une raison péremptoire de se trouver à Rome aux jours qui avoisinent le moment de la pleine lune de mars (¹).

Le nombreux personnel de voyageurs que porte le *Vatican* est nécessairement, dans sa composition bigarrée, l'expression des préoccupations intimes de chacun et du moment; et, pour quelques rares touristes ou trafiquants désintéressés de la vue de Rome au temps pascal et que le *Vatican* laissera sur sa route en touchant à Gênes et à Livourne, ou qu'il portera à Naples, à Messine ou à Malte, c'est par centaines que se comptent les bonnes âmes qui vont en pélerinage pieux à la ville éternelle et les curieux qui ne sont pas fâchés d'étudier sur nature la physionomie de Rome aux jours d'affluence étrangère et des pompes exceptionnelles étalées, dit-on, pour la plus grande gloire de Dieu.

Notre sortie du port eut tout naturellement le privilége d'at-

(¹) En 325, le Concile de Nicée, premier Concile général, ordonne que la Pâque sera célébrée le dimanche qui suit le quatorzième jour de la lune de mars.

tirer l'attention des passagers vers le panorama de la côte, qui
se déroule sous nos yeux.

De ce point de vue nouveau, chacun cherche à se rendre
compte des promenades faites la veille ou le matin même sur
les quais, sur les bords de la mer, sur les hauteurs de Notre-
Dame-de-la-Garde, à Endoûme, au Prado, aux Catalans, et
même au château d'If; et les observations souvent naïves qui, à
ce propos, se croisent et se répondent, font les premiers frais des
relations de hasard qui s'établissent entre les passagers.

Deux cents personnes, destinées à faire vie commune pendant plusieurs jours sur un espace de quelques mètres carrés,
sans autres distractions possibles que celles qu'elles retireront
de l'échange de bons procédés et du commerce d'esprit, ne
peuvent point rester longtemps étrangères les unes aux autres.

Sans parti pris, sans calcul apparent, il se fait entre elles un
travail mutuel d'appréciation sommaire, d'où résultent des
rapprochements par groupes de causeurs, rapprochements qu'il
est rare, du reste, de voir se prolonger et s'étendre au delà des
circonstances fortuites qui leur ont donné l'occasion de se produire.

Le spectacle du panorama de Marseille, l'examen analytique
des divers aspects de la côte et des montagnes qui la surmon-
tent, les observations faites sur tel ou tel point particulier, et
surtout à tel ou tel point de vue, avaient ouvert les premiers
rapports entre les voyageurs. Mais, basée sur un ordre de faits
qui n'avaient pas à être discutés, la conversation ne pouvait
ni s'animer, ni s'étendre, et elle s'éteignit, en effet, à mesure
que s'effacèrent à la vue les objets qui l'avaient provoquée.

Chacun alors se replia sur soi-même, et, après quelques instants de contemplation vague et intime, on pensa à utiliser les
moyens de distraction personnelle dont on s'était pourvu avant
de s'embarquer. Les dames sortirent leurs ouvrages de tapis-
serie, d'aiguille ou de crochet; les messieurs, leurs journaux et
leurs livres; et ceux des passagers qui, par état, ne sont ni
hommes ni femmes, les prêtres, tirèrent leur bréviaire.

Parmi les passagers du *Vatican*, j'ai compté dix-sept dames, treize prêtres, — pas d'enfants.

Des dix-sept dames, trois travaillent à des tapisseries qui se déroulent en longues et larges bandes blasonnées; deux, au bas d'un écusson qui n'est encore que dessiné, brodent en lettres gothiques des devises latines; huit nuancent de laines et de soies variées de couleurs des dessins assez indifférents; une fait au crochet un carré de guipure au milieu duquel est représenté un calice surmonté d'une hostie horizontalement posée; trois tissent avec des baguettes d'ivoire des capelines et des fanchons de laine bouffante et légère.

Les journaux qui se lisent se répartissent aux mains des passagers sous diverses dénominations dans les proportions suivantes : onze *Illustration*, sept *Monde illustré*, neuf *Siècle*, quatre *Opinion nationale*, cinq *Avenir national*, trois *Patrie*, quatre *Constitutionnel*, un *Pays*, trois *Monde*, quatre *Gazette de France*, trois *Union*, cinq *Indépendance belge*. Puis, des journaux des départements; entre autres le *Courrier de la Gironde*, la *Guienne*, la *Gironde*, l'*Aigle* de Toulouse, le *Salut public* et, de tous le plus nombreux, le *Sémaphore* de Marseille.

Les livres sont surtout le *Guide en Italie*, la *Revue des Deux-Mondes*, le *Correspondant;* j'ai aussi aperçu la *Question romaine*, d'About.

Enfin, le *Moniteur*, grand ou petit, comme accessoire de curiosité politique, double les autres journaux dans presque toutes les mains.

Cet étalage de travaux significatifs, de livres et de journaux politiques de toutes les couleurs, ainsi fait de propos délibéré, fut, de la part de chacun des passagers, comme une déclaration de principes, de sentiments et de sympathies, et il s'ensuivit, sur la dunette du *Vatican*, des courants d'attraction par affinité de sentiments, comme dans un bain chimique s'opère, sous l'action d'agents spéciaux, la division des substances par affinité moléculaire.

Dans chacun des milieux qui se formèrent alors, il y eut un moment de laisser aller; on échangeait ses journaux, on en commentait les articles; parfois même on y ajoutait, pour y voir ce qu'on désirait le plus y trouver, et ce jeu d'innocente politique en plein vent était sans doute bien attrayant, puisque, sans autre assaisonnement, il fit passer quelques heures agréables. Mais ce fut tout ce qu'il put donner.

Les hommes portent partout avec eux les travers de leur esprit, et vivent perpétuellement tiraillés par eux en tous sens. Sur un point où rien ne pouvait les distraire que le jeu de leur imagination, plus qu'ailleurs ce jeu devait s'user promptement.

C'est, en effet, ainsi que se passèrent les choses sur la dunette du *Vatican*. On y vivait vite par l'esprit et par le caractère, et les centres d'intimité formés sous l'influence de la satisfaction donnée au courant des sentiments politiques et religieux furent dissous aux premières atteintes qui heurtèrent l'amour-propre de ceux qui les composaient; si bien qu'avant la fin du jour chacun avait modifié la direction de ses préférences et changé les allures de son esprit.

Après l'effusion presque enfantine provoquée entre les passagers par la vivacité des premières impressions, après l'effort plus soutenu des sympathies politiques et religieuses, devait enfin venir l'action sournoisement exigeante et entraînante de ce travers d'esprit qui, en exagérant l'amour-propre, constitue l'orgueil et la sotte vanité.

Jusqu'ici, les passagers du *Vatican* ne s'étaient réunis que sur un même point du navire : la dunette. Jusqu'ici, donc, rien n'avait pu indiquer leur position individuelle à bord; de sorte que le cadre où ils agissaient étant le même pour tous, tous semblaient avoir la même position à bord. Mais cette égalité n'était qu'apparente, et une circonstance toute naturelle vint dénoncer la position réelle de chacun.

Déjà nous avions passé Toulon, dont, à l'aide de lunettes, nous avions pu reconnaître l'entrée de la rade; nous avions ainsi plus de trois heures de mer : il était cinq heures et demie. A ce moment, le maître d'hôtel fit annoncer le dîner. Ce fut l'instant de la crise.

Il y a deux tables à bord du *Vatican :* la table des passagers de première classe, fort luxueusement servie, et la table des passagers de seconde classe, fort convenable encore. La table des premières est présidée par le capitaine ; celle des secondes, par un des lieutenants.

Tout étant ainsi réglé, et chaque passager connaissant d'ailleurs la place que lui donne à bord le prix qu'il a payé pour son passage, chacun se rendit, selon son droit, à sa table respective. Le temps du dîner fut, par circonstance, un peu abrégé.

Depuis près de cinq heures que nous avions quitté Marseille, nous n'avions pas un instant perdu de vue les côtes de France. A l'aide de cartes et de lunettes, nous nous rendions parfaitement compte de la position du navire par rapport à la terre. D'ailleurs, le capitaine Rossi mettait une obligeance charmante à nous renseigner ; et c'est ainsi qu'il avait fait savoir à ceux de ses passagers qui s'étaient montrés curieux de connaître la route qui serait suivie, qu'il comptait passer dans les eaux des îles d'Hyères, et, par là, donner à la Société du *Vatican* le spectacle de la rade magnifique qu'enceint, par son développement circulaire devant la ville d'Hyères, le groupe d'îles qui, comme archipel, portent son nom.

Un peu avant le dîner, nous avions déjà observé Toulon ; nous savions donc que nous avancions assez rapidement vers le gisement des îles d'Hyères. Aussi, quand, au moment de franchir la passe de l'Ouest, l'officier de quart fit prévenir le capitaine et son second, chacun des assistants se trouva prêt à reparaître sur la dunette du *Vatican.*

Mais la rencontre des passagers sur ce point commun s'opérait cette fois dans les conditions particulières de gens qui connaissent leur position respective.

Avant le dîner, alors qu'aucune circonstance n'avait encore qualifié les passagers, il n'y avait à bord du *Vatican* que des

passagers. Mais, après le dîner, certaines personnes, bonnes
et charitables, se plurent à y distinguer des passagers de première classe et des passagers de seconde classe.

C'était surtout au ton plus bref, aux raideurs d'une politesse
plus contenue, par lesquels les uns accueillaient les démarches,
devenues moins assurées, des autres, que l'on pouvait juger
combien était grand le changement opéré dans les dispositions
mutuelles des passagers par le fait de la connaissance acquise
de leur position respective sur les registres du bord.

En somme, vue de près, cette petite comédie, où l'amour-
propre de quelques-uns, singulièrement surexcité, ne trouvait
que médiocrement à se satisfaire; où l'étonnement naïf de
quelques autres, assez spirituellement rendu, avait de l'écho et
des sourires approbatifs, aurait suffi à récréer ceux des passagers que leur caractère désintéressait dans la question. Mais
les travers de l'humanité, qui partout multiplient les comédies,
varièrent aussi le spectacle sur le *Vatican;* et ce monde en
miniature, outre sa noblesse de circonstance, eut ses valets
d'ambition, êtres toujours altérés de considération, mais qui,
impuissants à se donner du relief par leur propre valeur, s'usent
à graviter autour des personnes qu'ils croient bien posées,
tâchant ainsi de gagner par juxtaposition et par emprunt un
lustre d'occasion qui fait leurs délices.

Pour l'objet de leurs désirs, ces gens ont le flair habile, et il
est rare qu'ils manquent leur coup.

Deux couverts retenus à l'avance, dans le voisinage du capitaine, à la table des premières, plus encore les inévitables indis-
crétions des gens de service, avaient, en dernier lieu, trahi la
présence à bord de deux personnages, qu'au titre de « passagers
de distinction » qui leur était emphatiquement donné par certaines personnes, on aurait volontiers pris pour des demi-dieux
en rupture de ban d'immortalité. Depuis le dîner, ces deux personnages étaient devenus l'objet de l'attention générale.

De la part de quelques-uns des passagers, hommes du monde
que leur éducation première a façonnés aux convenances sociales,

ce fut, et seulement au premier moment, un petit élan de curiosité tout aussitôt réprimée ; mais, de la part de quelques autres, grands seigneurs de fortune que la Bourse et les basses intrigues ont formés à l'audace et à une haute opinion sur la valeur de leur personne, ce fut autour des inconnus un manége mal dissimulé de prévenances étudiées pour faire croire à une intimité quelconque entre eux et les personnages signalés, qu'ils importunaient.

Ceux-ci, cependant, simples dans leur mise, modestes dans leur maintien, peu désireux, ce semble, d'attirer sur eux l'attention des autres, sans paraître vouloir à tout prix s'isoler, mais aussi sans rechercher personne, n'affectaient aucune allure particulière.

Ce qui les distinguait, surtout, c'était un air de grande satisfaction de s'appartenir mutuellement, et, chez la dame, un éclat de jeunesse, d'intelligence, de force et de bonté, que rendaient plus vif encore son regard d'une fine et franche limpidité, et sa brune chevelure, dont les boucles rebelles, souples et lustrées, échappées à sa légère coiffure de voyage, attestaient l'exubérante vitalité.

C'étaient évidemment deux jeunes époux, dans les extases de leur lune de miel, courant le monde en bonne fortune d'intimité absolue, et, à tous ces titres, êtres divins, car l'amour fait oublier la terre.

Je ne sais rien encore sur la personnalité de ce jeune couple, sinon qu'il est de Paris; mais je compte, pour connaître son histoire et les noms qu'il porte dans le monde, sur l'importance que voudront se donner, quand je les interrogerai, les satellites empressés que leur a suscités leur notoriété dévoilée par les attentions particulières dont ils sont l'objet.

En quittant la table, le capitaine Rossi et son lieutenant étaient montés au banc de quart. Nous avions, en effet, devant nous les îles d'Hyères.

Les îles d'Hyères sont les *Stœchades* des anciens. Ces îles avaient aussi reçu, dans l'antiquité, le nom de *Ligustides*, parce qu'elles sont situées dans cette partie de la mer Méditerranée appelée autrefois mer *Ligustique*, du voisinage des Ligures, peuple d'origine ibérienne, qui occupait la côte septentrionale de la Méditerranée, des Pyrénées orientales à l'Arno.

Ces îles sont au nombre de cinq. Pline n'en désigne que trois, savoir : *Pomponiana*, la plus occidentale, aujourd'hui Porquerolles ; *Mesen*, l'île intermédiaire, maintenant Port-Cros, et *Hypæa*, qui de nos jours a reçu de sa position le nom significatif de : Ile du Levant.

Ma carte ne me dit pas les noms modernes des deux autres îles ; elles n'ont d'ailleurs, comme étendue, que fort peu d'importance. Disposées en demi-cercle au large de la ville d'Hyères, ces îles forment la ceinture de défense de la vaste rade d'Hyères, qu'elles abritent des plus mauvais temps.

La configuration de ces îles est capricieuse, et leurs côtes sont marquées d'échancrures profondes et escarpées.

Dans les passes sinueuses qui les séparent, aussi bien que dans le rade qu'elles renferment, les eaux sont calmes et profondes.

Pline estime à vingt milles romains (¹) — environ trente de nos kilomètres — la distance moyenne qui existe entre la terre ferme et l'archipel des îles d'Hyères.

Ces îles, dont la croyance générale se plaît à faire des sortes d'îles fortunées, — nom que leur ont donné quelques géographes, — sont, en réalité, des roches calcaires recouvertes d'une mince et maigre couche de terre végétale desséchée par le vent et le soleil, et, de nos jours encore, impuissante à produire les céréales nécessaires à l'alimentation de la garnison des forts qui sont établis dans ces îles et des quelques centaines de pêcheurs qu'y retient l'avantage de se trouver par tous les temps sur le théâtre même de leur industrie.

Les plus grands végétaux que nourrissent les îles d'Hyères sont quelques pins rabougris et de pauvres arbousiers qui, cependant leur donnent de loin l'aspect verdoyant.

(¹) Le mille romain équivaut à 755 toises, soit 1,510 mètres environ.

Sans valeur comme territoire agricole, ces îles ont une importance réelle comme station navale et comme position stratégique.

Situées à l'extrémité la plus méridionale des côtes de France, en tête du promontoire qui s'avance dans la mer entre le golfe du Lion et le golfe de Gênes, avec la rade qu'elles abritent, elles sont, en temps de paix, aux jours de grosse mer, un mouillage sûr ouvert à toutes les marines du monde, et tout particulièrement utile à notre flotte d'évolution de la Méditerranée; en temps de guerre, elles sont les postes avancés qui veillent sur Marseille et sur Toulon, sur Nice et sur Antibes, en même temps qu'elles protégent le bassin où peut se ravitailler et d'où peut s'élancer à toute heure une nombreuse escadre de combat.

La reconnaissance des lieux auxquels se trouvent attachés ces avantages bien connus fut sans doute pour beaucoup dans le mouvement de curiosité empressée qui se manifesta parmi les passagers du *Vatican*, à l'approche de l'archipel des îles d'Hyères; mais le spectacle qui, en réalité, s'offrit à nous, fut bien autrement attachant que celui qui nous était promis par l'idée d'une simple inspection locale.

Un instant avant que nous franchissions la passe de l'Ouest pour entrer dans la rade, le soleil, s'enfonçant dans la mer, avait disparu derrière nous.

Dans les villes, le soleil s'efface aux yeux longtemps avant d'avoir atteint l'horizon, et l'action de sa lumière se fait encore sentir quand depuis longtemps déjà nous ne le voyons plus. Mais en pleine mer, où, comme en rase campagne, la vue peut librement s'étendre jusqu'aux limites apparentes du monde, rien ne dérobe le soleil à nos yeux, et son action est effective comme sa présence, tant qu'il est au dessus de l'horizon. Aussi, dès qu'il disparaît, le crépuscule se fait, et la nuit ne tarde guère à le remplacer, à moins que la lune ne vienne prolonger le temps de la pénombre.

Succédant presque instantanément à l'éblouissante lumière qui avait éclairé cette première journée de notre navigation, le crépuscule qui nous enveloppa au moment où nous nous engagions dans les passes de la rade éveilla l'esprit des passagers à l'attention timide et réservée, et tout fut pour eux l'objet d'observations intimes qui les dominèrent complètement.

Tout à l'heure encore, nous avions, à gauche, les côtes de France à une assez grande distance ; à droite, la vaste mer; et la marche accélérée du *Vatican* suivait une orientation fixe et résolue.

Resserré maintenant dans la passe étroite et sinueuse où il s'est engagé, le *Vatican* a sensiblement ralenti sa marche. C'est à peine s'il use de sa vapeur; et, à cause de la ligne capricieuse que tracent les côtes qui le dominent à gauche et à droite, la direction qui lui est imposée est si peu fixe, qu'il semble hésiter dans sa route. Tout son état-major est au banc de quart, silencieux, attentif, l'œil au guet.

Du fond de la dunette nous distinguons la silhouette immobile des officiers penchés de gauche et de droite vers la mer, qu'ils interrogent.

Seul, le corps droit, la tête haute, le regard fixe devant lui, le capitaine Rossi, dans l'attitude calme et dégagée d'un homme sûr de son fait, plane avec sérénité sur l'espace assombri à travers lequel il nous dirige.

De temps en temps, par des signaux de main, il télégraphie au timonier des ordres de direction; ou bien, avec le porte-voix, il lance au mécanicien ses brèves injonctions de ralentir ou d'activer l'action de la machine.

Tout cet ensemble forme un tableau saisissant.

Mais, si à bord le spectacle est grave et imposant, au large, au contraire, il est mobile et fantastique.

A un moment, par l'effet de la disposition réciproque des îles et de la position du *Vatican*, la mer nous parut fermée de toutes parts. Le ciel, encore sans étoiles, était profond, et le sommet des îles, dont le relief s'accentuait toujours davantage à mesure que nous avancions, semblait aspirer à s'y perdre.

Vieille déjà de onze jours, la lune, au tiers de sa course,

affolée par son immobilité même, paraissait, sous l'influence de
la marche changeante du *Vatican*, se promener incessamment
d'une île à l'autre et courir de cime en cime comme un astre
en peine de sa route. C'était à chaque instant sa fuite et son
retour s'imposant à l'imagination comme un jeu d'enfant,
tandis qu'au loin, perdue dans l'espace, la lumière intermit-
tente des phares, tout en nous parlant du reste du monde,
nous invitait à nous en éloigner.

Sous le charme de ce spectacle, aussi original qu'inattendu,
le calme le plus complet s'était fait parmi les passagers; tous
vivaient de contemplation, et la pensée commune se condensait
dans un silence religieux.

J'ai vu tout le monde attentif; je n'ai entendu parler personne.

Notre trajet à travers les îles et la rade d'Hyères a duré un
peu plus d'une heure. Je ne sais pas ce que peut valoir le spectacle de cette navigation éclairé par un soleil de midi; mais,
vu par le crépuscule, il est enivrant de douces rêveries, émou-
vant de surprises et imposant de majesté.

Le temps calme, la splendeur du ciel, contribuèrent, il est
vrai, au succès de cette équipée nautique; mais l'honneur en
revient tout entier au capitaine Rossi.

En sortant de Marseille, il aurait pu, sans se préoccuper de
procurer à ses passagers l'agrément d'une partie de plaisir,
gagner la haute mer et simplifier ainsi sa besogne sans manquer à ses devoirs. Il a mieux fait, et, pour ma part, je lui dois
la jouissance, toujours présente, d'un spectacle que je n'ou-
blierai jamais, et je consigne ici la gratitude que je lui en
conserve.

Il était près de neuf heures lorsque nous sommes sortis de
l'archipel des îles d'Hyères.

Quand le capitaine Rossi reparut sur la dunette, il fut entouré
et remercié très cordialement par ses passagers.

Un instant après, le maître d'hôtel fit annoncer que le thé
était servi.

Cet avis fut un peu l'objet de la surprise générale.

Toute personne qui se met en voyage est résignée par avance à de certaines privations ; elle comprend, pour peu qu'elle soit intelligente, que les distractions et les satisfactions nouvelles qu'elle va chercher à l'étranger ou sur des points en dehors du cercle ordinaire de ses connaissances personnelles, doivent lui coûter le sacrifice de quelques-unes de ses habitudes et des douceurs de la vie à domicile fixe.

Dans la circonstance, les passagers du *Vatican*, gens du monde pour la plupart, à leur entrée sur le bateau, invités, par l'exiguïté relative de l'espace, à rompre avec leurs allures journalières, peu familiarisés d'ailleurs avec les usages de la vie à bord des paquebots, étaient assez disposés à être contents de peu.

Croyant, après le dîner, en avoir fini avec les exercices gastronomiques de la journée, ils s'étaient préoccupés surtout des moyens de passer le plus agréablement possible ce qui leur restait encore de temps à dépenser avant de clore la soirée.

En ce sens, l'intéressante navigation à travers l'archipel des îles d'Hyères les avait admirablement servis. Ils en avaient savouré la délicieuse originalité par les yeux et par l'esprit, et, dans leur désœuvrement, ils avaient vu avec regret qu'elle se terminât si promptement.

Trouvant en dehors de l'archipel la mer toujours belle et le ciel toujours beau, ils jugèrent, dans la disposition d'esprit où ils étaient, que le spectacle de la nuit claire et calme sur une mer docile et plus unie qu'une glace valait qu'ils passassent leur temps à l'admirer, et, sur le pont de la dunette, chacun s'était installé pour la contemplation indéfinie.

Plus que les hommes, d'ailleurs, soumises au charme fascinateur de ces émotions toutes nouvelles pour elles, les dames, sur mer comme sur terre, inspiratrices ou directrices des volontés de ce monde, n'avaient pas un seul instant fait mine de vouloir quitter le pont de la dunette.

Bien au contraire, comme les fleurs qui, à la tombée de la

nuit, se renferment dans les tuniques de leurs corolles, les passagères du *Vatican*, généralement jeunes et belles, supprimant leur légère coiffure du jour, recouvrant leurs épaules, et encapuchonnant leur tête de burnous soyeux ou de capelines aux couleurs tendres, avaient fait leur toilette du soir et du plein air. A leur exemple, les hommes s'étaient revêtus de leur paletot, et, sous la fourrure qui le protégeait de la fraîcheur pénétrante du soir, chacun, dans son intimité solitaire ou dans une étroite communauté de deux ou trois personnes, vivait, pensant, causant ou riant, insoucieux des chagrins absents et tranquille au sein des éléments les plus terribles, à présent domptés ou complaisants.

Quand le thé fut annoncé, depuis près d'une heure déjà la société du *Vatican* se complaisait dans les douceurs de ce *far niente* de circonstance ; mais, venue à l'improviste, cette annonce fut accueillie avec plaisir. Le thé parut à chacun une heureuse diversion à la vie contemplative adoptée faute de mieux. On se leva à la hâte et sans trop se préoccuper de la tenue peu sévère qu'on s'était donnée. D'ailleurs, sous l'influence du frisson que l'on éprouve en pareille occurrence en abandonnant le gîte où l'on s'est abrité, nul ne songea à s'alléger de ses fourrures, et passagères et passagers descendirent au salon dans l'ajustement où ils se trouvaient.

Les dames prirent place au fond du salon sur les moelleuses banquettes courantes attachées aux parties basses des parois du pourtour ; les hommes, sur des siéges mobiles, devant des tables légères qui, chacune, groupaient quatre ou cinq personnes.

Mais si la fraîcheur était vive et pénétrante sur le pont de la dunette, au salon, nécessairement bas de plafond et relativement étroit pour le nombreux personnel qui s'y était réfugié, l'atmosphère devint presque immédiatement lourde et suffocante.

Les dames, fourrées et encapuchonnées, furent les premières à s'en plaindre, et surent d'ailleurs sans trop de façons remédier à l'incommodité dont elles souffraient.

En voyage, toujours placées sous la protection intime et prochaine d'un mari, d'un frère ou d'un père, les dames tiennent assez peu compte du voisinage indifférent des personnes avec qui elles peuvent, à bâtons rompus, faire un instant route commune; et comme, d'ailleurs, dans leur négligé de voyage elles ont l'art de ne jamais rien perdre de leurs avantages, elles agissent, selon les circonstances, avec assez d'indépendance.

Souffrant de la chaleur surtout parce qu'elles avaient la tête trop couverte, elles ne trouvèrent rien de mieux, pour s'affranchir de cet inconvénient, que d'en supprimer la cause, et elles se découvrirent la tête.

Il y eut pourtant, dans leur attitude respective, un moment d'indécision, un instant d'hésitation préalable de l'une à l'autre, jusqu'à ce qu'enfin la plus déterminée d'entre elles, soulevant de ses doigts délicats le capuchon de son burnous, l'éleva avec précaution au dessus de sa tête et le renversa avec grâce sur ses épaules.

Cette détermination héroïque eut un effet immédiat d'imitation ; de proche en proche, avec un semblant d'efforts à la résignation, — semblant d'ailleurs assez amusant, — toutes les dames suivirent l'impulsion si heureusement donnée.

En ce moment, le salon du *Vatican*, avec ses parois tapissées de glaces et de peintures encadrées de bois précieux, avec sa lumière discrètement émise à travers le verre dépoli des globes qui couvrent la flamme des lampes, fut, par le fait de la simplicité même de la tenue des dames présentes, plus beau et mieux orné que ne le furent jamais les plus luxueux salons de Paris.

C'est un spectacle bien rare, en effet, qu'une réunion de femmes belles par elles-mêmes et sans aucun des artifices qui sont la grande vogue de tous les temps et de tous les salons, où, avec les meilleures intentions du monde, les plus honnêtes femmes ne paraissent guère que déguisées pour poser et provoquer des compliments.

En passant ainsi brusquement du milieu atmosphérique où.

sur le pont de la dunette, elles aspiraient l'air vif et piquant du soir, dans l'atmosphère lourde et concentrée du salon, les gracieuses passagères du *Vatican* durent subir les effets immédiats d'une prompte réaction dans leur organisme.

Ce fut, à vrai dire, pour leur plus grand avantage, et, comme toujours, la nature fut ici plus habile et plus expéditive que ne le pourra jamais être la main la mieux inspirée et la plus exercée.

En s'imprégnant d'une légère moiteur, leur peau acquit plus de transparence et de finesse ; plus dilaté par la chaleur, leur sang colora plus agréablement leur visage ; leur regard plus vif donna à leur physionomie plus d'entrain et d'expression ; leur chevelure même, cette chevelure tout simplement nattée, et sur laquelle le va-et-vient des capuchons et des capelines avait apporté quelque désordre, devint dans la circonstance un instrument de piquante parure et d'agrément personnel en forçant nos belles compagnes de voyage à se confiner dans la réserve pleine d'aimable gaucherie que fit naître chez elles la préoccupation de paraître, pour ainsi dire, en déshabillé.

Il n'était pas d'ailleurs jusqu'aux accessoires ordinairement indifférents qui ne jouassent ici un rôle avantageux : et ces gracieux visages de femmes, se détachant d'un fond de glaces sur les plis floconneux des burnous blancs et des capelines aux couleurs tendres, semblaient entr'ouvrir les cieux pour se montrer à la terre.

Témoin d'un pareil spectacle, un enfant de l'Islam n'eût pas manqué de dire que tels durent être les visages de femmes que rêva le Prophète, quand, pour la moralisation d'un peuple sensuel brochant sur les idées égyptiennes, juives et chrétiennes déjà en circulation, il crut, lui aussi, à la nécessité de l'éternel mirage d'un paradis qu'il parfuma de volupté et peupla de houris.

L'heure de la retraite sonna sur ce tableau final. Chacun alors gagna son gîte : les dames à bâbord, — côté du cœur, — les messieurs à tribord ; et peu à peu le grand espace se fit dans le salon, tout à l'heure trop étroit.

Je remontai encore sur le pont de la dunette ; j'y trouvai le capitaine Rossi, qui, au moment d'aller aussi prendre quelque repos, réglait avec l'officier de quart la marche du *Vatican*. Nous n'avions plus alors de terre en vue.

Comme il allait se retirer, je m'informai à lui de notre route. « Encore quelques instants, me dit-il, et nous serons dans les eaux d'Italie. Nice et Monaco sont au fond de l'horizon, à bâbord, et demain matin, au lever du soleil, nous serons à la hauteur de San Remo. »

Tout en parlant ainsi, il descendait sur le pont du bateau. Je le suivais. Il échangea avec moi une cordiale poignée de main, et se retira dans sa cabine.

Quant à moi, le seul des passagers du *Vatican* encore debout, après avoir consigné ici mes souvenirs et les impressions ressenties dans cette première journée de voyage, je vais aussi prendre possession de ma couchette.

Il est un peu moins de minuit au chronomètre du *Vatican*.

————

Le 7 avril 1865.

A cinq heures et demie, ce matin, j'étais sur pied, et, quand j'allai saluer le jour sur le pont de la dunette, je n'y trouvai aucun de mes compagnons de route.

Le ciel et la mer sont encore aussi beaux qu'on le puisse souhaiter. L'aurore empourpre l'Orient : le soleil s'annonce à l'horizon ; nous avons la terre à une distance qui n'excède pas un kilomètre.

Pendant la nuit, nous avons successivement dépassé Antibes *(Antipolis)* (¹) : Nice *(Nicæa)*, la fille bien-aimée de Marseille

---

(¹) Ἀντίπολις ville rivale. Avec son nom grec, Antibes semble une fondation grecque rivale de Marseille et de Nice.

la Phocéenne; Monaco, l'ancien *Portus Herculis Monœci* ([1]), dont il a gardé le nom; Vintimiglia, place forte sur les dernières pentes des Alpes maritimes, et maintenant la première ville de l'Italie pour qui vient de Marseille.

Encore un peu de route, et quand tout à l'heure nous serons sur la ligne du point blanc qui, à gauche devant nous, paraît, comme un nid d'alcyons, reposer sur la mer, nous serons à la hauteur de San Remo. C'est là, du moins, l'explication qui vient de m'être donnée de la valeur géographique de ce point blanc.

Je n'étais pas capable, en effet, de me rendre compte par moi-même, à première vue, de la position exacte du *Vatican*, par rapport à la terre, et de désigner par leur nom propre les divers centres d'habitation qui, de distance en distance, sur des lignes rompues et capricieuses, émaillent les plans superposés des côtes méridionales de l'Italie du Nord.

Pour que je pusse, à l'exemple des marins qui fréquentent assidûment ces parages, reconnaître à la seule inspection de la côte ces villes et villages lointains qui sont pour eux autant de points de repère, il aurait fallu que je n'eusse pas un seul instant perdu de vue la terre et qu'avec un soin extrême j'eusse suivi la route sur une carte bien correcte.

Novice au contraire dans ce voyage, ignorant de la côte et dérouté par la nuit et par l'absence, il me fallait, pour satisfaire à mon impatiente curiosité, ou relever les hauteurs, faire le point, et me livrer, sur des cartes marines, à des calculs comparatifs, — ce qui, faute d'instruments, m'était actuellement impossible, — ou me faire renseigner à mon gré par celui des hommes de l'équipage qui, le premier, s'offrirait à moi.

L'officier de quart était à son poste, et ce que j'avais de mieux à faire était peut-être d'aller le prier de me renseigner. Mais pour arriver à lui j'avais tout un voyage à faire sur le

---

([1]) *Monœcus*, encore un nom grec qui se décompose par : μόνος (solitaire), οἶκος (maison, séjour); *Portus Herculis Monœci* (port d'Hercule au séjour solitaire). Le nom est resté, mais les conditions locales ont bien changé.

bateau par le chemin des tambours, et, dominé par la paresse, au lieu de faire ce voyage, je m'adressai, un peu à l'étourdie, au timonier que j'avais là à la portée du nez.

Tout occupé de la barre et du compas, ce brave garçon ne répondit point d'abord à mon interpellation. Je revins à la charge, croyant avoir raison, cette fois, de ce qui me paraissait n'être que le fait d'une distraction passagère. Mais, soldat intelligent d'un devoir intelligemment tracé, pour toute réponse le timonier me fit très poliment observer que sa consigne lui interdisait de s'entretenir avec les personnes étrangères au service actif du paquebot.

Je n'insistai pas davantage, comprenant, sans autres explications, mais un peu tard, tout ce qu'a de sagesse dans sa brutalité cette consigne rigoureuse qui préserve de distraction l'homme aux mains de qui est remise la sûreté de marche du navire dans les temps ordinaires, l'homme que le moindre oubli de son devoir, le moindre laisser-aller dans l'accomplissement de sa tâche, pourraient, dans des cas donnés, rendre coupable de la perte du navire et de la mort de plusieurs centaines de personnes.

Sous cette impression, je jugeai qu'à son banc de quart l'officier de service devait avoir à se conformer à une consigne tout aussi sévère, et, pour lui épargner une réprimande possible, s'il prenait sur lui d'être complaisant, ou la pénible obligation de me remettre, lui aussi, poliment à ma place, dans ma soif de renseignements immédiats, je me mis en quête d'un *cicerone* indépendant, ou, tout au moins, assez indépendant pour qu'il lui fût permis de me renseigner sans trop agir en dehors des lois de sa position à bord.

Les devoirs, les obligations de la vigie sur les navires à la mer sont complexes et multiples; et s'il est de ces devoirs impérieux renfermés dans une loi étroite, comme ceux qu'ont à remplir l'officier de quart et le timonier, il en est d'autres plus généraux et plus légers qui laissent aux hommes du bord qui en sont chargés une certaine liberté d'allure et d'esprit, surtout quand, par le beau temps, le navire traverse des parages bien étudiés et connus.

Ces soins de surveillance secondaire sont ordinairement remplis par un poste de matelots installé sur le gaillard d'avant à bord des navires particuliers, et dans les hunes sur les navires de guerre, aux jours de lutte et de mauvais temps.

Les hommes qui relèvent de ces postes sont au moins abordables, quand ils ne sont pas de faction.

Enfin, il y a toujours, parmi les hommes composant l'équipage d'un navire, de ces esprits actifs, de ces natures agissantes qui aiment l'observation et le mouvement même en dehors du service.

C'est surtout parmi ces derniers que j'aurais aimé à trouver l'homme aux renseignements que je désirais, parce que j'aurais pu le faire causer tout à mon aise.

Du haut du pont de la dunette, où je m'étais mis en observation, je m'enquérais donc de l'œil, cherchant un homme à qui parler, quand j'avisai sur le gaillard d'avant un vieux matelot en douce contemplation de la mer.

Un homme qui n'a rien de mieux à faire qu'à voir se balancer la mer me parut pouvoir être distrait, sans inconvénient majeur, des soins de son innocente occupation, et je m'acheminai vers lui.

Les vieillards sont, comme les enfants, faciles à s'émouvoir. Un souvenir qui traverse leur esprit et qui, en passant, caresse leur amour-propre, presque rien, pourvu que ce presque rien se rapporte à leur propre personne ou à quelqu'un de ceux qu'ils affectionnent, leur remuent l'âme au point de les transporter de la plus vive émotion.

C'était le cas de mon vieux matelot, sans doute. A mesure que je l'approchais davantage, je le voyais s'agiter sur lui-même, prendre des attitudes de satisfaction turbulente en même temps que ses regards furtifs trahissaient un besoin impérieux de se mettre en rapport avec quelqu'un qui fût disposé à l'entendre. Sa joie débordait; il voulait qu'elle fût partagée, et, sans abandonner sa position penchée d'observateur de la mer, il agitait sa tête de droite et de gauche, sollicitant par ses gestes presque convulsifs l'attention de son voisinage. Il avait d'ailleurs un air attendri qui doublait la valeur de tous ses gestes d'impatience. Aussi, quand il entendit venir derrière lui, se tournant à demi en pivotant, par un mouvement un peu contraint, sur son coude et sa jambe gauches, il dit d'un ton convaincu : « C'est de bien bonne heure, tout de même! » Puis il s'excusa en voyant qu'il ne s'était pas adressé, comme il le croyait, ou comme il paraissait le croire, à quelqu'un de ses camarades :

« Quelle heure pensez-vous donc qu'il soit? lui dis-je.

— Oh!... il est tout près de six heures, reprit-il; car nous voilà bientôt à la hauteur de San Remo, — et il désigna le nid d'alcyons.

Mais ce n'est pas cela que je voulais dire.

— Tenez, me dit-il en accompagnant sa recommandation d'un geste complaisant, mettez-vous comme moi au guet en regardant au large devant vous à une portée de pistolet, et, bien sûrement, ils vont reparaître. »

Je suivis les recommandations du vieux matelot; et j'étais à peine en observation, que je vis, dans la direction indiquée, comme un immense remous se produire, et en même temps deux ou trois poissons de la grosseur d'un homme, mais bien plus longs, jaillir, pour ainsi dire, de la mer, en se livrant entre eux à des ébats de je ne sais quelle nature.

C'étaient des thons, dont l'apparition dans les mers d'Italie était, cette année, paraît-il, fort précoce.

A voir l'émotion du vieux matelot devant ce spectacle si naturel et si peu nouveau pour lui, je jugeai qu'il ravivait des souvenirs d'un autre temps et que le vieux matelot avait dû être le patron de quelque barque armée pour la pêche du thon. Une question toute discrète, presque timide, suffit pour allumer chez mon homme le feu de ses causeries de prédilection. Il me raconta que, durant de longues années, il avait été employé à la pêche du thon; qu'il l'avait pratiquée à la thonaire et à la madrague; qu'il y était fort expert, mais que cette pêche ne lui donnant que par intermittence l'emploi de son temps, il avait préféré entrer comme matelot au service des Messageries impériales, sur les paquebots qu'elles entretiennent dans la Méditerranée.

Il avait, me dit-il, navigué sur le *Sphinx*, un des premiers bateaux à vapeur qu'ait armés en guerre la marine française; il mettait à raconter ses campagnes un enthousiasme charmant et ne négligeait rien de ce qui pouvait justifier la qualification qui lui était donnée de *loup de mer*. A un moment, il l'appuya d'une exclamation bien faite pour donner une haute idée de l'orgueil qu'il avait de son origine : « Oui, bourgeois, répétait-il, je suis un marin de la grand'mer! Je suis un enfant de l'Océan! Ma première campagne de marin date du jour de ma naissance, et d'une petite mais bien glorieuse victoire sur les Anglais!..... Ah! les gaillards! s'ils n'ont pas peur de nous, nous leur avons prouvé qu'ils ne nous font pas peur!... »

Pour la circonstance, le *nous*, dans la bouche du vieux matelot, avait une valeur gasconne assez plaisante. Je le priai de vouloir bien s'en expliquer. Il n'eut garde de me faire attendre, et voici son histoire, ou plutôt l'histoire de sa naissance. Je le laisse parler :

« Je suis né, dit-il, au large devant les Sables-d'Olonne, — district du département *Vengé*, aujourd'hui département de la *Vendée;* c'était en messidor de l'an III, — ce qui me donne soixante-dix ans, vienne le mois de juillet prochain. — Mon père était pêcheur; et ma mère, brave et digne femme, tenait sa place sur un bateau aussi bien que le plus fier gars du port.

» En ce temps-là, tout le pays de la Gâtine et du Bocage, agité par les *ci-devant*, était en proie à la plus vive inquiétude. Le général Hoche y commandait au nom de la République, et, pour l'aider à défendre le pays, il nous était venu, des contrées voisines, des secours de toute sorte, et notamment en hommes de bonne volonté et d'énergie.

» Les Anglais croisaient sur la côte, de l'embouchure de la Loire à celle de la Charente, protégeant les *ci-devant* de tout leur pouvoir.

» Un soir, nous étions sur la grand'place des Sables, devisant sur les suites probables de la descente à Quiberon des émigrés en armes, quand un des citoyens volontaires venus des contrées voisines, chef, je crois, de la compagnie des gens de Cognac, accourt, agitant son chapeau et criant : « Citoyens! aux armes! » les Anglais! les Anglais!... »

» La grand'place, à ce cri, fut évacuée, et chacun fit diligence pour arriver le premier au port avec son fusil et son aviron.

» Pendant ce temps, les Anglais, dont l'intention manifeste était d'opérer une reconnaissance du port et de s'assurer des dispositions de la population, s'étaient résolûment engagés dans les passes. Mais en voyant tout ce que les Sables avaient d'hommes et de femmes valides, accourir en armes et en rangs serrés, ils jugèrent sans doute que leur tentative, s'ils la poussaient jusqu'au bout, leur coûterait cher et serait inutile et n'essayèrent point de prendre terre. Toutefois, autant pour nous braver que pour témoigner de leur audace auprès de leurs chefs supérieurs, ils s'emparèrent d'une patache de la Douane à l'ancre à l'entrée du port, et la prirent triomphalement à la remorque.

» De notre côté, on n'était point resté inactif. Une troupe de jeunes gars, armés de fusils et bien déterminés, s'était organisée sous les ordres du généreux citoyen qui avait si énergiquement donné l'éveil, et la barque de mon père s'étant trouvée parée la première, ils y montèrent avec lui au cri de : « Vive la Répu- » blique! »

» Ma mère, alors presque au terme de sa grossesse, passant sur toutes les observations qui lui furent faites, s'était mêlée à l'équipage de la barque de mon père ; et les voilà tous à bord travaillant à qui mieux mieux, les uns à coups de fusil, les autres à coups d'aviron, à donner la chasse aux Anglais.

» La poursuite fut longue et rude. Mais nos gens avaient le

diable au corps, et les Anglais allaient être pris quand, pour
alléger la marche de leur chaloupe, ils coupèrent la remorque
de la patache. Il était grand temps! Encore un peu, et c'en
était fait d'eux!

» Soulagée par ce sacrifice, et bien servie d'ailleurs, l'embar-
cation des Anglais prit aisément l'avance sur la barque de mon
père, mal taillée pour la course. Prolonger la chasse n'eût plus
été qu'une inutile et imprudente besogne. On recueillit la patache; une partie des hommes de la barque de mon père, fusiliers
et matelots, sautèrent à bord au cri de : « Vive la République ! »
et après s'être tenues en vue des Anglais pendant plus d'une
heure pour leur faire comprendre notre intention de les bien
recevoir s'ils tentaient de revenir à la charge, les deux embar-
cations rentrèrent au port sans perte d'hommes et, au contraire, avec un citoyen de plus.

» Sur la barque de mon père, un grand événement s'était en
effet produit : l'action que s'était donnée ma mère, l'émotion
vive qu'elle avait ressentie avaient précipité le moment de sa
délivrance, et le hasard, qui souvent fait bien les choses, en ame-
nant chez nous le patriote sous la conduite de qui les marins
des Sables avaient donné la chasse aux Anglais, avait procuré
à ma mère un médecin habile qui la délivra à la mer.

» C'est ainsi qu'elle me mit au monde dans une atmosphère
de gloire où ne respirèrent jamais, en pareille occasion, ni reine,
ni impératrice, ni Dauphin, ni fils de France. Et le vieux matelot, ici présent, né sous le feu des Anglais, a eu pour premier
berceau une barque; pour première berceuse, la mer; pour premier vêtement, le pavillon de France !...

» Je n'ai jamais vu le patriote qui m'a mis au jour tout en
donnant la chasse aux Anglais, mais mes parents ne m'ont
point laissé ignorer son nom; et le citoyen Marquet, bien connu
des marins des Sables qui sont de la génération de mon père, a
toujours été le premier dans nos souvenirs de famille.

» Mes devoirs de marin, — j'étais mousse à huit ans, — et la
nécessité m'ont constamment tenu éloigné des Sables depuis

que je navigue; mais si jamais je vas au pays, où je n'ai plus
de parents, je tâcherai de voir en passant le docteur Marquet.

— Il est maintenant trop tard, mon ami, fis-je observer au
vieux matelot. Je suis de Cognac, où demeura le docteur Marquet pendant plus de quarante ans, et je puis vous dire le sort
du brave et digne docteur. »

Presque attendri, le vieux matelot me pria de le renseigner.
et je continuai :

« Le docteur Pierre-Antoine Marquet-Duclos était né à Roche-
fort, diocèse de la Rochelle, en 1764. Il est mort à Cognac
après soixante-dix ans d'une vie honorablement remplie, c'est
à dire en 1834.

— Mais, reprit vivement le vieux matelot, il a dû laisser de
la famille, et j'irai lui dire la reconnaissance et l'admiration
que j'ai toujours gardées à son chef.

— Ce sera beaucoup de besogne à votre âge, mon ami, lui
fis-je encore observer: écoutez : Le docteur Marquet avait eu
trois enfants : l'aîné, Régulus, avait acquis par son travail per-
sévérant le grade de docteur en médecine. Il est mort, jeune
encore, aux Cordillères, dans un voyage d'exploration scien-
tifique. Camille, le second fils du docteur, avait embrassé la
carrière des armes; en 1815, il était enseigne de vaisseau;
mais il refusa alors de servir la Restauration, et se retira de la
marine. Il vit toujours, et demeure actuellement au chef-lieu
du département de la Charente. Le troisième enfant du docteur
Marquet était une fille qui épousa un négociant de Cognac,
M. Philippe Godard, qui s'était fixé à Bordeaux. Elle est devenue veuve depuis quelques années. En ce moment, accompa-
gnée de son fils aîné, Adolphe Godard, elle s'achemine vers
Rome par voie de terre, et sur l'invitation que j'ai reçue d'elle
et de son fils, qui est mon ami de jeunesse, je vais les rejoindre
à Rome, d'où nous partirons ensemble pour visiter l'Italie,
l'étudier et la connaître.

—Voyez pourtant, reprit le vieux matelot en hochant la tête,
les voilà tout près de moi, en partie du moins, ces braves gens

que je verrais avec tant de plaisir! Le hasard me les amène,
pour ainsi dire, et je ne puis faire, pour les aller voir, les quelques pas qui me séparent d'eux!... Puisque vous serez plus
heureux que moi, veuillez, je vous prie, leur répéter ce que je
vous ai fait connaître de mes sentiments pour eux... Mais,
pardon, il est six heures! nous sommes justement devant San
Remo... je vas faire mon temps de quart à la barre... La nuit
a été belle, et la marche du bateau très-bonne; nous devrons
arriver à Gênes avant une heure de l'après-midi. »

En prononçant ces dernières paroles, le vieux matelot m'avait
salué. Je lui tendis ma main: il la prit, la pressa avec effusion.
et nous nous séparâmes en nous promettant de nous revoir.

Je remontai lentement le bateau, tout occupé que j'étais des
réflexions qu'avait provoquées chez moi l'histoire de ce brave
vieillard.

Sur le pont de la dunette, je ne trouvai mes compagnons de
voyage qu'en petit nombre encore. et tous se plaignant que la
chaleur intense, concentrée, la nuit, dans leur cabine. les avait
beaucoup fatigués, et forcés, en définitive, à se mettre sur pied
bien plus tôt qu'ils ne l'auraient voulu.

Dans ces conditions, malgré l'état de la mer, complaisante à
tous égards, la nuit avait été marquée par de nombreuses indis-
positions. Sous ce rapport, au contraire, en raison des précautions que j'avais eu le soin de prendre en me couchant, ni mes
camarades de cabine ni moi n'avions eu à souffrir.

Sur le *Vatican*, comme sur tous les bateaux, les couchettes
des passagers sont étagées dans les cabines comme les tablettes
d'une armoire. sans qu'il y en ait jamais plus de deux superposées.

La cabine où j'ai pris gîte renferme six lits. Tous sont occupés. Ma bonne fortune a voulu qu'il m'échût une couchette
d'étage supérieur, placée au niveau d'un hublot.

Quand je vins me coucher, depuis plus d'une heure déjà mes
camarades de chambrée avaient pris possession de leur couchette.

Dans la cabine, la chaleur était intense. Pour le bien commun autant que pour ma commodité particulière, je trouvai sage de donner de l'air frais à notre réduit, et j'entr'ouvris le hublot. Bien m'en prit, et c'est à cette précaution, qui s'est étendue à toute la nuit, que les hôtes de la cabine n° 57 doivent d'avoir passé une nuit des plus douces et des moins désagréables. Je recommencerai la nuit prochaine.

Le soleil est déjà haut sur l'horizon; peu à peu le pont de la dunette se peuple des hôtes du *Vatican*, et chacun d'eux se présente avec une figure plus ou moins fatiguée.

Les dames ne se montrèrent guère que vers neuf heures; leur visage trahissait généralement les luttes qu'elles avaient eu à supporter contre les étreintes du mal de mer; leur physionomie est d'ailleurs moins assurée.

Les dames sont toujours et partout un peu en représentation. Elles ont alors besoin, pour remplir avec assurance ce rôle qui leur sied si bien, quand l'action en est contenue dans d'honnêtes limites, d'être certaines de l'effet de toutes leurs ressources. Au nombre des ressources que la nature et l'éducation du monde ont mises à leur disposition, se comptent, en première ligne, le jeu de leur physionomie, dont l'agrément relève tout à la fois de l'état physique où elles se trouvent et des sensations morales qu'elles éprouvent; et, en seconde ligne, la bonne disposition de leurs ajustements même les plus simples. Toutes ces conditions d'agréable extérieur exigent, pour être harmonisées et donner aux dames tous les avantages de séduction dont elles sont capables, une grande liberté d'apprêts, d'esprit et de sentiments, dont les voyages à la mer ne leur laissent qu'exceptionnellement l'usage.

Tout particulièrement, les paquebots affectés aux services publics réguliers, construits pour recevoir le plus grand nombre possible de voyageurs, manquent de boudoirs spacieux où les dames puissent commodément se vêtir et poursuivre dans leurs détails minutieux les soins habituellement donnés à terre à leurs ajustements, et, en outre, des conditions d'un repos absolu qui, par-dessus tout, est pour les femmes du monde le moyen le plus vrai, parce qu'il est le plus naturel, de conserver à leurs traits le calme et la régularité qui en font le plus grand charme.

Après cette première nuit de voyage, qui pour elles ne pouvait manquer d'être une nuit de fatigues, les dames du *Vatican* durent donc, à leur petit lever, paraître sur le pont de la dunette un peu préoccupées du négligé de leur tenue et du désordre que la lassitude causée par le mauvais sommeil avait apporté dans l'ensemble de leur physionomie.

La pensée, que chacune d'elles avait eu à supporter les mêmes inconvénients, et que, personnellement, elles étaient aussi éprouvées les unes que les autres, les consola mutuellement sans doute, car elles eurent bientôt pris leur parti de l'état peu satisfaisant où elles se virent tout d'abord, et leurs allures, un instant embarrassées, reprirent insensiblement la liberté et la franchise de la veille.

Notre passe-temps, à tous, fut surtout l'étude et la contemplation de la côte que nous serrions d'assez près.

Sur les plans les plus bas, les cultures d'oliviers, d'aspect assez sombre, étaient fort heureusement égayées de points blancs jetés çà et là dans les replis du terrain, points blancs qui sont autant de villes et de villages qui marquent le chemin, dit *de la Corniche*, de Nice à Gênes.

Sur les plans les plus effacés de la côte, s'élèvent au contraire, presque perdus dans l'azur du ciel, les sommets les plus orgueilleux des Alpes, sommets encore saupoudrés de neige.

Le déjeuner fut servi à dix heures; aucune hâte ne fut mise par les hôtes du *Vatican* à quitter la table. On y savoura lentement et longuement le café. Il était bien près de onze heures et demie quand le pont de la dunette reçut de nouveau sa population de passagers, et à midi et demi nous entrions dans le port de Gênes, ayant ainsi une demi-heure d'avance sur le moment réglementaire de l'arrivée.

Bien dirigé et bien servi, le *Vatican* avait lestement marché.

Pour s'épargner tout à la fois la dépense inutile de droits de port et de formalités en douane, pour gagner du temps au moment de l'appareillage, pour échapper aux conséquences parfois onéreuses d'un voisinage trop immédiat, le *Vatican*, utilisant pour son départ ce qui, à son entrée dans le port, lui reste encore de force de propulsion, s'oriente dès à présent pour la sortie, et, s'isolant le plus possible, mouille au milieu du port.

Quelques douaniers italiens montent alors à bord, et s'y établissent en permanence, afin de pouvoir effectuer avec plus de promptitude la régularisation des déchargements et des chargements que le *Vatican* peut avoir à opérer pendant la durée de son escale à Gênes.

Quant aux passagers, sans avoir le moins du monde à se préoccuper d'aucune formalité préventive à remplir auprès de la police italienne, d'où qu'ils vinssent, étrangers ou nationaux, tous purent librement descendre à terre.

En gens intelligents et bien au courant de ce qui se passe et se passera toujours en pareil cas, les bateliers du port s'empressaient en grand nombre aux abords de la plate-forme de l'escalier de descente du *Vatican*, offrant leurs services aux passagers qui se hâtèrent de les utiliser.

Il était une heure environ quand je quittai le bord; j'y suis revenu à sept heures et demie.

Cet intervalle de six heures de temps passées à terre a été des plus activement employé. Je dirai ailleurs les impressions diverses que j'ai ressenties dans mes courses à travers la ville de Gênes et dans sa banlieue; ici, je ne veux m'occuper que du journal de mon séjour à bord, quelque peu importantes que soient les circonstances qui l'ont marqué.

Quand je remontai sur le *Vatican*, je trouvai le pont encombré de sacs et de malles de voyage, et tout grouillant de passagers effarés. L'écoutille de la soute aux bagages était toute grande ouverte, et, sur les indications qui leur étaient fournies, les matelots du bord s'empressaient d'y emmagasiner les sacs et malles de voyage.

Ces divers colis étaient les bagages des nombreux passagers recueillis à Gênes.

L'embarquement, à la dernière heure, de ce contingent de recrues, coïncidant avec le retour à bord des passagers partis de Marseille avec le *Vatican*, occasionne sur le pont du navire un va-et-vient tumultueux, un pêle-mêle insensé, où tous les intervenants, ahuris, affolés, ayant facilement l'occasion d'être mécontents et impatientés, ne se font pas faute de témoigner, chacun selon son tempérament et son éducation, du mécontentement qu'ils ressentent et de l'impatience qui les gagne.

Le pont du *Vatican* n'est pas, du reste, le seul point du bateau où règnent l'encombrement et le désordre que provoquent les circonstances complexes de l'installation à bord des passagers nouveaux et la rentrée des anciens: et si, sur le pont, la circulation est empêchée et difficile, elle est, par suite d'une innocente et folle méprise, à peu près impossible dans l'entrepont, aux abords des cabines et dans les salons.

Quelques-uns des anciens passagers, craignant, bien à tort, que les nouveaux ne s'emparent de leur gîte, sont accourus pour veiller au salut de leur empire, alors que, avec une saine raison, les nouveaux arrivants se hâtaient seulement vers les cabines disponibles pour s'y assurer d'une installation aussi commode que possible.

Bientôt, pourtant, la crainte des uns s'étant calmée et le désir des autres s'étant à peu près satisfait, l'espace et la circulation possible se firent dans l'entrepont.

Le pont du *Vatican*, la dunette et sa terrasse regorgèrent alors de monde. C'étaient, sur ces trois points du bateau, de véritables fourmilières d'êtres humains.

Monté à grand'peine sur le pont de la dunette, avec plus de peine encore je me faufilai jusqu'aux abords de la barre. En dernier lieu, j'avais pu pénétrer derrière le timonier, et je m'étais cantonné, à bâbord, près du mât de pavillon.

A ma droite, de l'autre côté du mât, se tenait une dame portant avec élégance un costume de voyage fort simple, mais en même temps fort avenant. Ses traits réguliers sont agréablement accentués. Ses yeux sont vifs, et son regard expressif donne à sa physionomie cette valeur d'intelligence sans laquelle les plus beaux visages de femmes ne sont que des figures de cire.

Elle a près d'elle, debout comme elle, une femme de service qui lui prodigue les soins les plus empressés, la protégeant des mouvements fluctueux de la foule, tout en laissant à ses regards affriandés la liberté de voir et d'examiner au loin et auprès.

Sous ce rapport, la belle dame peut amplement trouver à se satisfaire. Le spectacle qu'offre alors la réunion tumultueuse des passagers sur le pont de la dunette est, en effet, des plus animés et parfois aussi des plus piquants.

Ici, c'est une toute jeune dame qui, fort émue d'avoir égaré son mari, travaille des yeux et du geste à le retrouver, et, télégraphiant dans ce but son anxieux désir aux quatre points cardinaux, joue sans vergogne, dans la foule, le rôle d'Ariane délaissée.

Là, c'est un volumineux chignon postiche qui, très inconsidérément, fait, avec la tête déplumée d'une pimpante voyageuse et à son insu, le plus disgracieux divorce.

Un peu partout, c'est un pauvre petit chien malencontreusement laissé libre sur la dunette, et qui, heurté, poussé, piétiné par les uns et par les autres, se jette à travers les jambes de tout le monde, se traîne en gémissant de crinoline en crinoline, et porte innocemment dans les groupes qu'il traverse la surprise et l'effroi.

Comme, d'ailleurs, toute cette confusion n'est que l'effet passager de l'étourdissement de chacun dans un premier moment de hâte et de presse, et qu'il ne peut s'ensuivre rien de réellement fâcheux, on s'amuse généralement des incidents plus ou moins gais qui se produisent.

Adossée aux bastingages de l'arrière, et préservée, par la roue le la barre et par la présence de sa bonne, des mille petits désagréments où se heurtent les personnes en quête d'un peu de repos sur la dunette du *Vatican*, la dame qui m'avoisine semble se plaire fort aux scènes caractéristiques d'impatience et de résignation qui, plus près d'elle, se passent sous ses yeux.

Son sourire fin et malicieux, ses observations souvent ingénieuses et toujours spirituelles m'autorisent, du moins, à croire qu'il en est ainsi, et m'attachent, du reste, au point que, tout en y mettant la plus grande discrétion possible, je m'efforce pourtant de ne rien perdre des avantages que me vaut la position qui m'est échue.

Ce double jeu d'innocente récréation se continuait ainsi depuis plus d'un quart d'heure, quand un agent des Messageries impériales, à qui son uniforme avait ouvert un passage dans la foule des passagers, s'approche de moi, la casquette à la main, et me présente une lettre.

Étonné d'être ainsi poursuivi par ma correspondance, à qui j'ai donné rendez-vous à Rome, et non ailleurs, je prends en hésitant la lettre qui m'est présentée, et, jetant les yeux sur la suscription qu'elle porte, je la rends au facteur, en lui faisant observer qu'il se trompe et que je ne suis pas le duc de Persigny.

Les circonstances publiques de ce tout petit incident, mais surtout et plus particulièrement le nom que je venais de prononcer, attirèrent vers moi l'attention de ma voisine.

Du geste, elle s'excusa d'intervenir, puis, priant l'homme à la lettre de suivre sa bonne, elle invita celle-ci à le conduire près de Monsieur le Duc.

C'est ainsi que je connus la présence, à bord du *Vatican*, du duc et de la duchesse de Persigny.

En raison du nombre considérable de passagers, il y a eu deux services de thé, et, à chaque fois, le salon s'est trouvé trop petit.

Le nombre des passagers excède de beaucoup le nombre de chambres ou de couchettes disponibles, et le capitaine Rossi abandonne galamment sa cabine à Mme de Persigny, tandis que le préposé de l'administration des postes met la sienne à la disposition du duc. Quant aux autres passagers surnuméraires, ils durent, pour passer la nuit, s'installer tant bien que mal sur les banquettes du salon.

A dix heures et demie, la terrasse de la dunette est complètement évacuée par les passagers, et le calme, sinon le sommeil, se fait alors sur tous les points qu'ils occupent sur le navire.

Depuis une heure environ, le vent a sensiblement fraîchi, et le bateau commence à tanguer.

Il est onze heures et demie : je viens de consigner les notes qui précèdent, et je gagne ma retraite.

———

Le 8 avril 1865.

La nuit a été fatigante pour bon nombre de passagers, et ceux de l'arrière n'ont pas été épargnés.

De mes cinq compagnons de cabine, aucun cependant n'est indisposé ; nous avons, il est vrai, le bénéfice de l'air frais que nous donne le hublot tenu ouvert. Je n'en suis pas moins, pour ma part, fort étonné de ce succès de mer, et je sens bien, au fond, qu'un rien peut le compromettre.

Aussi, éveillé dès quatre heures par le bruit incessant des hoquets et des efforts convulsifs qui se font entendre dans celles des cabines qui nous avoisinent le plus, je crus prudent de me lever et de m'éloigner au plus vite et le plus possible du théâtre de ces scènes compromettantes, sachant d'ailleurs, par expérience antérieure, que le mal de mer, aux atteintes duquel j'ai toujours eu de faciles dispositions, est pour moi contagieux comme le bâillement et le dégoût.

En m'éloignant de ce monde de douleurs, je montai sur la dunette, où, malgré l'heure matinale, j'avais été devancé.

Un lit de camp, recouvert d'un châle, gisait sur le pont, et près de ce lit se tenait assise la personne qui, hier soir, accompagnait Mme de Persigny.

L'air vif du matin, le vaste horizon, la liberté de se mouvoir et la distraction éteignirent mes appréhensions du mal de mer et dissipèrent mes lourdeurs de tête.

Nous approchions de Livourne. Sa silhouette, en suivant la ligne de la côte, apparaissait noyée dans les vapeurs de l'horizon, tandis qu'au large, à tribord, se montrait la Gorgone, qui, rouge des premiers feux de l'aurore, semblait un vaste brasier s'élevant du sein de la mer.

La dunette fut, bien plus tôt que le jour précédent, occupée par les passagers. Dès cinq heures, elle était envahie par les voyageurs impatients de reconnaître Livourne, où, réglementairement, nous devions arriver à six heures.

La vue de la côte, c'est à dire l'arrivée prochaine, fit bien vite oublier à tous les souffrances de la nuit; et chacun, d'ailleurs, n'en parla que pour les nier, comme s'il y avait déshonneur à souffrir d'un mal circonstanciel, indépendant de toute valeur individuelle, physique et morale.

A six heures, le *Vatican* entrait dans le port de Livourne. Comme la veille, à Gênes, il choisit un point commode pour la sortie prompte, et, le cap à la mer, il mouilla loin des quais.

Livourne est relié à Florence, et, par là, à toute la haute Italie, par un chemin de fer qui, se continuant jusqu'à Rome en empruntant la ligne de Civita-Vecchia, doit fournir aux voyageurs traversant l'Italie pour se rendre à la ville éternelle, ou pour en revenir, des moyens toujours disponibles de prompt et facile transport; mais momentanément une lacune existe dans le parcours entre Livourne et Civita-Vecchia : cette lacune accumule chaque jour dans ces deux villes de nombreux voyageurs dont hérite le service des bateaux.

Les bateaux arrivent le matin et repartent le soir. Les voyageurs arrivant par le chemin de fer la veille au soir ou le matin ont ainsi toute la journée pour s'embarquer. Livourne a fourni aujourd'hui un grand nombre de passagers au *Vatican;* mais l'empressement qu'ils ont mis à s'installer à bord de bonne heure, et avant la rentrée des passagers vétérans, nous a préservés de l'encombrement qui nous avait tant incommodés au moment de prendre la mer, la veille, à Gênes; et plus tard, quand tous les contingents de passagers furent rentrés à bord, ce fut précisément leur grand nombre qui, par le fait d'un va-et-vient établi par circonstance, dissimula l'encombrement réel qui existait sur le *Vatican*.

Il faut expliquer cette subtilité, et dire comment le fait qu'elle implique, mis en pratique dans le trajet de Livourne à Civita-Vecchia, n'a pu être de mise à la sortie de Gênes.

Quand, à Gênes, les passagers anciens et nouveaux s'embarquèrent, il était sept heures et demie, et tous, alors, avaient dîné. Le besoin de surveillance chez les uns, la rage de la curiosité chez les autres, rassemblant tous les contingents de passagers sur les points les plus actifs du navire, l'encombrement s'y fit. A Livourne, au contraire, au moment du départ, à quatre heures, nul, parmi les passagers anciens et nouveaux, n'avait encore dîné. Leur nombre considérable ne permettant pas de les réunir tous à la fois autour de la seule table de chaque classe, il y eut nécessairement trois services consécutifs, qui, immédiatement commencés, retinrent successivement dans les salons un tiers des passagers. Il en fut de même pour le thé; si bien qu'à l'heure de la retraite, le pont de la dunette, depuis notre départ de Livourne, n'avait encore eu à recevoir que les deux tiers des passagers.

Vers neuf heures et demie, nous avons salué l'île d'Elbe. A l'heure du repos, le nombre des voyageurs surnuméraires, qu'alors on ne peut plus dissimuler, se trouve être si considérable, que, pour les satisfaire, il faut convertir en couchettes les banquettes, les tables et les parquets.

A dix heures, je gagne ma cabine, enjambant les couchettes foraines et les dormeurs.

———

Le 9 avril 1865.

Le malaise de la nuit précédente s'est renouvelé cette dernière nuit avec plus d'intensité.

A mon grand étonnement, j'ai tenu bon, et je persiste à croire que je dois cette bonne fortune à l'air frais que je peux librement me donner par le hublot que j'ouvre à discrétion.

A part les dames, dès cinq heures, ce matin, tous les passagers pour Civita-Vecchia sont sur pied. Chacun fait son paquetage, et s'apprête à débarquer.

On se promet surtout de quitter Civita-Vecchia pour Rome par le premier départ du chemin de fer.

A peine le *Vatican* a-t-il mouillé dans le port de Civita-Vecchia, que la police pontificale monte à bord.

Tous les passagers y sont consignés. Avant qu'ils puissent descendre dans les canots de débarquement, il faut : 1° qu'ils aient remis leur passeport aux préposés de la police; 2° que les passeports soient examinés et enregistrés par la police; 3° que chacun vienne, à l'appel de son nom, retirer, non pas son passeport, mais un simple reçu individuel de chacun des passeports. Alors, seulement, les passagers peuvent descendre dans le canot de débarquement, en surveillant tant bien que mal l'embarquement et le transport de leurs bagages, qui, déposés dans une barque particulière, sont conduits à terre sous la surveillance des agents de la douane. Toutes ces précautions prises et exécutées ne nous ont pas encore rendus libres, et, en touchant le territoire des États de l'Église, nous sommes parqués sous un hangar sombre et médiocrement propre.

Nous attendons, en nous regardant les uns les autres. J'entends de mes compagnons de route qui jurent et tempêtent; ils ont même l'impertinence de dire que cette porte du pays, où règne le successeur de saint Pierre, ressemble plutôt à la porte de l'Enfer qu'à la porte du Paradis!

Peines perdues! blasphèmes inutiles! La police pontificale n'est pas expéditive, et elle en prend tout à l'aise pour l'accomplissement de son devoir.

Arrivés en rade ce matin avant six heures, c'est à huit heures seulement que nous sommes libres de la police. Mais ce n'est pas tout : après la police, la douane.

Ici, la douane est une affaire particulière. Une Compagnie ou un individu afferme les produits de la douane pontificale moyennant une somme acceptée et qu'il verse au Trésor de Saint-Pierre, et il s'arrange ensuite des frais d'administration et des bénéfices d'exploitation.

Ses surveillants et ses vérificateurs sont taquins et minutieux; mais, au fond, l'administration est intelligente, et, tout en prenant ses précautions, elle entoure les voyageurs de soins et de politesses.

Ainsi, nos bagages ont été, par ses soins, mais à nos frais, chargés sur des voitures à bras, et ils sont portés, accompagnés par nous, et sous la surveillance des agents de la douane, à la gare du chemin de fer. Là, ils sont ouverts, vérifiés jusqu'au fin fond des malles, et restent ensuite à la salle des bagages, consignés jusqu'au départ.

Nous sommes libres désormais; il est neuf heures. Je clos ici mon journal, et je vais déjeuner, puis courir jusqu'à deux heures de l'après-midi. Le départ pour Rome, *train omnibus*, est à deux heures vingt-cinq minutes, heure du pays. Le train direct est parti depuis deux heures déjà, avec le duc et la duchesse de Persigny.

III

GÈNES

I

C'est à la grande école des calamiteuses épreuves qu'apporta aux primitifs Égyptiens, dans les temps les plus reculés, l'inondation d'abord périodiquement dévastatrice du Nil, que s'est formée la sainte et savante Égypte de la haute antiquité, et que l'Égypte dégénérée des temps modernes doit d'être, encore aujourd'hui, la contrée la plus fertile du monde; c'est grâce aux souffrances morales et physiques dont ils étaient accablés, que les Hébreux, surexcités, ont retrouvé en eux la force de répudier leur existence avilie d'esclaves en Égypte; c'est par la lutte incessante et mortelle, c'est en bravant dans le désert les plus dures et les plus affreuses privations, que les enfants d'Israël se sont élevés à la dignité de citoyens, et qu'ils ont pu, lentement, mais sûrement, s'acheminer vers la terre promise et la conquérir! C'est par la mort du Juste et par le repentir, — qui implique le fait du péché préalable — que les chrétiens s'ouvrent les portes de leur paradis; c'est au mirage des scènes de voluptés toujours satisfaites et jamais assouvies que Mahomet réchauffe la vertu des croyants; enfin, chez toutes les nations indistinctement, comme chez les individus, c'est la nécessité qui engendre l'industrie, c'est à dire le bien-être.

L'histoire est là, d'ailleurs, avec sa sévère logique des faits, pour témoigner, de la manière la plus absolue, que les nations à qui le climat et les circonstances locales ont fait ou font la vie commode, sont justement celles chez qui la civilisation est le moins prospère et l'intelligence industrielle le moins développée.

En morale comme en religion, — ce qui est tout un, malgré la diversité des mots; — en économie politique comme en économie sociale, — qui se confondent le plus souvent; — dans tous les temps et dans tous les lieux, — le mal a donc été, est et sera l'instrument du bien.

C'est pourquoi les peuples de la Grande-Bretagne, étroitement resserrés dans leurs îles, sont, de tous les peuples, ceux qui ont le plus de cette force d'expansion sous l'influence de laquelle ils vont, avec une merveilleuse facilité, coloniser les terres les plus lointaines; c'est pourquoi l'esprit français, dont la pétulance effraie si fort les gouvernants qu'ils le compriment toujours et le plus possible, s'échappe, à travers les plus formidables précautions, en éblouissantes étincelles, et, de temps à autre, en salutaires éclats de tonnerre; c'est pourquoi, à la façon des individualités ambitieuses qui, aux jours de troubles,

sous le titre injustifiable d'*hommes providentiels* ou sous prétexte de mission historique, s'affirment et s'imposent à la mul-
titude éperdue, Gênes et Venise ont pu, à l'époque de transition
et de transformation où les peuples modernes de l'Occident, en
travail de leurs nationalités respectives, n'avaient que bien
juste le loisir et la possibilité de pourvoir sur place, et au jour
le jour, aux nécessités actuelles et pressantes de leur existence
politique et individuelle, ont pu, dis-je, en s'appuyant sur
d'immenses ressources acquises par le trafic, et par lui sans
cesse renouvelées, devenir ces foyers d'action dont la puissance,
quatre siècles durant, en dépit d'agitations intestines presque
à l'état permanent, et de rivalités extérieures sans cesse agissantes, s'imposa au monde occidental, et tout particulièrement
au monde du bassin de la Méditerranée.

Grâce à sa position géographique, grâce au caractère entre-
prenant de sa population, Gênes, aux temps lombards, devenue
l'entrepôt du commerce de la haute Italie avec les principales
stations maritimes de la Méditerranée, ne fit d'ailleurs, en s'af-
firmant dans l'indépendance, qu'obéir aux lois instinctives et
tutélaires de la conservation; et elle était, sans doute, depuis
longtemps, affranchie de toute attache gouvernementale effective, quand enfin elle s'aperçut qu'en réalité elle ne relevait
que d'elle-même.

L'avènement de Gênes à l'émancipation et à l'indépendance
dut, en effet, s'opérer par degrés et à mesure que la défaillance
du gouvernement central, dont elle relevait directement ou
indirectement, se fit, à son égard, plus complète et plus absolue.

Ce fut dans les premières années du dixième siècle que Gênes
se trouva ainsi dans l'obligation de ne compter, pour vivre et
se défendre, que sur ses propres forces.

En ce temps-là, l'Empire d'Occident, passé des mains des
Français aux mains des Allemands, et alors à peu près réduit
aux provinces germaniques de l'Europe centrale, n'était guère
plus que l'expression fruste du souvenir de son existence passée.

Impuissant à se défendre lui-même, il lui était absolument

impossible de protéger ses alliés et de faire la police parmi les
États secondaires de l'Europe, dont il affectait pourtant de se
dire le suzerain.

De tous ces nombreux États secondaires, lambeaux détachés
de l'Empire, ceux qui s'étaient formés en Italie, et tout particulièrement les contrées dont les largesses de Charlemagne
avaient composé ce qui, depuis, a été appelé le patrimoine de
Saint-Pierre, étaient plus intimement l'objet de la préoccupation ou de l'ambition plus ou moins dissimulée des empereurs
romains ; mais, pour les États de l'Église, cette sollicitude, toujours inquiète, toujours proclamée et jamais agissante, avait
surtout l'inconvénient de ne jamais les protéger d'une manière
efficace, tout en les tenant toujours désarmés.

Dans ces conditions de précaire existence qui s'étendaient à
tous les États de la Péninsule italique, ouverte de toutes parts,
l'Italie devait paraître une proie facile à saisir, et elle devint,
en effet, l'objet de la convoitise des peuples les plus entrepre-
nants de cette époque, c'est à dire des Normands et des Sarrasins, en ce temps-là toujours prêts à fondre sur tous les points
vulnérables de l'Europe.

Vers la fin du neuvième siècle (881), les Sarrasins de la Sicile
franchirent le détroit de Messine, et, s'avançant sur les terres
italiennes, pillèrent et ruinèrent les villes de la Campanie, et
vinrent jusque sur le Volturne saccager le monastère de Saint-
Vincent. — En 884, les nouveaux progrès qu'ils firent les ayant
portés encore plus au Nord, les monastères des Bénédictins du
Mont-Cassin, haut et bas, furent affreusement mis à sac, et la
studieuse confrérie dispersée. — En 886, ils assiégeaient Rome.

Les empereurs d'Orient, à qui le Pape, aux abois, fit alors
demander des secours, se montrèrent tout aussi impuissants à
défendre la capitale de la chrétienté que l'étaient les empereurs
d'Occident; et les Sarrasins n'ayant devant eux que de faibles
résistances, les choses en vinrent au point qu'ils purent pénétrer jusque dans la vallée du Pô, où ils s'établirent, et d'où ils
dominèrent un instant la haute Italie.

Les conditions nationales d'existence subordonnée allaient, de cette manière, chaque jour se rétrécissant davantage pour Gênes, et, comme Rome elle-même, elle manqua enfin complètement de l'assistance métropolitaine ou suzeraine.

La France, de qui la capitale ligurienne avait relevé au temps de Charlemagne, maintenant en butte aux coups répétés des Normands, inquiétée et bouleversée, d'ailleurs, par l'humeur entreprenante des seigneurs, qui, poussant à l'excès les aspirations de leur ambition féodale, voulaient, à main armée, se rendre indépendants du chef de la nation, avait, par là, trop à faire pour elle et chez elle pour songer à s'intéresser activement au sort de ses voisins, ces voisins fussent-ils d'anciens compatriotes; et Gênes, aux abois, fut également délaissée par la France.

Dans cet état de complet abandon, menacée de front par les Maures d'Afrique; sur sa gauche, par les Sarrasins de la Sicile; sur sa droite, par les Maures d'Espagne; ayant, d'ailleurs, tout autant à craindre pour son existence politique à peine naissante que pour son existence purement civile et commerciale, Gênes s'inspira du courage que, aux jours de suprême danger, donne le désespoir, et c'est ainsi que, sous la pression des circonstances fâcheuses qui semblaient devoir l'anéantir dans un avenir assez prochain, ce nid de pêcheurs et de marchands, armés d'abord pour se défendre et s'assurer la libre pratique de la mer, d'où ils tiraient leurs moyens d'existence, devint, sous l'aiguillon salutaire de la crainte des Maures et des Sarrasins, la puissante République qui, avec Venise, fournit à l'Europe ameutée contre l'Orient les flottes dont elle avait alors besoin pour accomplir l'œuvre folle et stérile des Croisades, œuvre au courant de laquelle Gênes, comme Venise, trouva l'occasion de sa plus grande fortune, tant par les stations navales qu'elle entretint alors dans les ports de l'Asie-Mineure, que par les possessions territoriales qu'elle acquit sur la mer Noire et sur la mer d'Azoff.

Gênes, alors, fut la souveraine à peu près absolue de la Méditerranée, c'est à dire l'agent général du commerce intermédiaire entre l'Europe, l'Afrique et l'Asie, et vit couler chez elle ces flots d'or qui lui permettaient, comme agrément accessoire de luxe, de vêtir d'étoffes tissées d'or et de soie jusqu'à huit mille de ses soldats !

En résumé, révélée à elle-même par l'excès du mal dont elle était menacée, Gênes ne dut qu'aux malheurs des temps de devenir la puissante République que chacun sait.

Le bien-être que lui prodigua son éblouissante fortune, quelque peu de calme, de régularité et de sécurité rendus à la vie des peuples de l'Europe, marquèrent, au contraire, le temps de la décadence de Gênes.

C'est, en effet, au quinzième siècle, alors que les Sarrasins ont été chassés de l'Italie ; quand les Maures sont dominés, sinon vaincus, en Espagne ; quand, en France, grâce à l'énergie froide et tenace de Louis XI, la royauté a conquis de la stabilité et le pays sa complète indépendance, que commence et se poursuit le déclin rapide de la République de Gênes.

Quelques circonstances, en apparence indifférentes au sort de Gênes, mais en réalité décisives pour les destinées de tout l'ancien monde, vinrent encore s'ajouter en appoint puissant aux causes déjà déterminantes de la décadence de l'État de Gênes.

La découverte de la boussole, en facilitant et en éclairant l'art du navigateur, développa l'essor de la marine dans toutes les villes du littoral méditerranéen, et Gênes eut, dès lors, à compter avec une foule de stations navales d'où sortirent des navires qui lui disputèrent le commerce des transports et des échanges.

La découverte, faite par les Portugais, du chemin des Indes par le cap de Bonne-Espérance, fut également pour Gênes, et dans de larges proportions, une cause active d'amoindrissement et de décadence.

De tout temps, mais plus encore depuis l'envahissement de l'Islam, qui, triomphalement établi de la Méditerranée à l'Indus, barrait à l'Europe le chemin des Indes, cette vaste contrée était restée pour notre Occident le pays inexploré des merveilles et du mystère. Ce n'était qu'à travers les récits fantastiques débités par les Arabes, que l'Europe connaissait les phases nébuleuses de l'existence de ces contrées lointaines, et seulement par l'intermédiaire des lentes et coûteuses caravanes que s'acheminaient, pour l'Europe, vers les ports méditerranéens de l'Asie-Mineure et aussi vers Alexandrie d'Égypte, les produits naturels et industriels, — parfums, épices, pierres précieuses et tissus, — des vallées nombreuses et profondes qu'arrosent l'Indus et l'Oxus, le Gange et ses affluents.

Vendus au poids de l'or, par les caravanes, aux marchands levantins et à ceux d'Alexandrie, les divers produits de l'Inde, plus chèrement encore rachetés par les négociants de Gênes, étaient l'ordinaire et riche cargaison des navires génois et vénitiens dans les ports du Levant.

La découverte du chemin des Indes par le cap de Bonne-Espérance changea toutes les conditions de ce trafic.

En allant, en effet, chercher directement dans les ports de l'Inde les produits naturels et industriels désormais achetés sur place, à prix mieux débattus que ne le pouvaient faire les caravanes, nécessairement tributaires de plusieurs intermédiaires, et d'ailleurs obligées, en revendant, de se couvrir des frais excessifs de longue route et des chances de male fortune; en rapportant de l'Inde ses produits à peu de frais, par leurs navires, les navigateurs portugais, et à leur suite les navigateurs de toutes les nations de l'Europe, détournèrent ces précieuses denrées de la route lente, hasardeuse et coûteuse suivie par les caravanes, et privèrent ainsi la marine génoise des aliments de fret qui, sans la surcharger, lui fournissaient, en Orient, l'occasion de voyages nombreux et lucratifs, et lui firent ainsi, sans jamais s'être mis directement à sa traverse, une concurrence qui, bientôt, la condamna au repos, c'est à dire à la mort.

La découverte de l'Amérique, faite comme par une ironie du sort pour le compte de l'Espagne, par Christophe Colomb, le Génois, découverte qui, dans un avenir prochain, devait transformer l'esprit inquiet et tracassier de l'Europe, transposer ses forces et en modifier les courants séculaires, en laissant Gênes et Venise dans le recueillement de la surprise, et en les poussant, sans les heurter, hors du centre d'action politique et commercial des peuples de l'Europe, les relégua définitivement jusque sur les arrière-plans du monde des affaires.

Condamnée désormais à se produire laborieusement et sans avantage dans un milieu d'États où elle est descendue au rôle très effacé de simple comparse, la République de Gênes n'existe plus que nominalement, et bientôt seulement comme le souvenir historique d'un de ces faits anomaux qui, dans la vie des nations, marquent les époques intermédiaires de transformation.

II

L'antiquité de la ville de Gênes égale, à quelque dix ans près, l'antiquité de la ville qui fut un instant la métropole du monde.

La fondation de Rome date de 753 avant l'ère vulgaire; celle de Gênes, due aux efforts des tribus liguriennes venues d'Espagne à une époque de la vie du monde européen antérieure d'un ou de deux siècles à la sortie des Hébreux d'Égypte (1528), paraît pouvoir être placée entre l'an 710 et l'an 700 avant l'ère vulgaire.

Gênes compte donc aujourd'hui vingt-cinq siècles d'existence. Cette longue carrière est accentuée de faits importants qui la divisent en quatre périodes distinctes.

La première, dont les débuts ont leur point de départ dans les profondeurs sombres qui recèlent les essais laborieux de la primitive civilisation de l'Europe, aboutit à la conquête de Gênes par les Romains, vers l'an 223 avant l'ère vulgaire. L'histoire est à peu près muette sur les vicissitudes qui ont dû agiter ces temps nébuleux de l'existence de Gênes.

La seconde période commence à la conquête romaine, et

meurt avec l'Empire de Charlemagne ; elle est longue de onze siècles, durant lesquels Gênes vécut de la vie d'industrie et de travail qui, pour l'histoire, ne fait que des cités obscures.

La troisième période, qui prend naissance avec le dixième siècle, est le temps d'éblouissante splendeur dont nous avons parlé, temps où Gênes, à la façon des astres vagabonds que nous nommons *comètes*, apparaît presque subitement sur l'horizon politique du monde européen, s'élève toujours plus brillante et plus magnifique jusque vers la fin du quatorzième siècle : puis, du quinzième au dix-septième, descendant rapidement la pente de ses hautes aspirations, s'abaisse chaque jour davantage jusqu'à se perdre dans l'obscurité de l'horizon.

Cette période est surtout celle qui signale Gênes à l'attention de l'histoire, et qui donne à son existence une portée philosophique et artistique.

La quatrième période de l'existence de Gênes s'ouvre, sans date précise, à la suite de la précédente, et se perpétue dans le rôle modeste que nous lui voyons aujourd'hui.

Gênes ne recèle dans ses murs aucun témoignage authentiquement reconnu contemporain de la période de son origine, et les premiers faits qui ont produit Gênes à l'histoire ont précisément été les instruments de destruction des établissements et des monuments qui auraient pu attester sa haute antiquité.

Conquise par les Romains vers 223 avant l'ère vulgaire, et alors réunie par eux au territoire de leur province de la Gaule cisalpine, Gênes fut presque aussitôt (207) une des premières victimes de la seconde guerre punique. Surprise par Magon, frère d'Annibal, elle fut prise et détruite de fond en comble.

Les Romains, ne fût-ce que pour affirmer d'une façon plus complète leur triomphe sur les Carthaginois, se hâtèrent de rétablir cette ville, assise sur la mer, en face de Carthage. Mais, par sa position géographique, mal accessible par terre, et trop éloignée de Rome, soit pour la couvrir du côté de la mer, soit pour pouvoir elle-même tirer quelque avantage efficace des travaux stratégiques qui, tout en défendant Rome, protégeaient son territoire dans un assez grand rayon, Gênes n'a joué aucun rôle actif dans l'histoire militaire de la grande République.

Pline la représente seulement comme le centre d'exploitation d'un commerce de vins estimés qui portaient son nom, et comme un marché aux figues et aux raisins secs, dont l'apprêt de conservation paraît avoir été une industrie particulière à ses habitants propres et à ceux de sa banlieue.

Aussi modeste qu'ait alors pu être son rôle dans le monde, Gênes, construite par les Romains, a dû tenir de la période d'occupation romaine quelques-uns de ces établissements spéciaux, tels que temples, cirques et théâtres, dont les Romains provoquaient la création partout où ils dominaient. Il n'est cependant pas possible d'affirmer qu'il en ait été ainsi pour Gênes.

Gênes, en effet, n'offre aujourd'hui à l'étude ou à la curiosité de ses visiteurs aucune attestation archéologique qui remonte aux temps de l'occupation romaine.

L'absence de monuments relevant de cette période historique ne peut pas toutefois faire accuser les Romains d'indifférence absolue à l'égard de Gênes; elle est bien plus véritablement le fait des Sarrasins, qui la visitèrent un jour à la façon de Barbari.

Sournoisement partis d'Afrique sur une flotte considérable, ils surprirent Gênes (936), s'en emparèrent, y mirent tout à feu et à sang, ruinèrent la ville, et se retirèrent en emportant sur leurs navires toutes les richesses qu'ils y trouvèrent.

La Gênes qu'on admire aujourd'hui est complètement moderne, et tout entière l'œuvre des familles patriciennes dont les membres ont gouverné, soutenu, défendu la République génoise.

III

Vue de la mer, Gênes apparaît dans des conditions particulières de grandeur et de magnificence, dont l'ample et riche paysage qui l'encadre fait à peu près tous les frais.

L'art n'y a greffé que quelques agréments secondaires, capricieux ornements de pure convention, qui sont comme les mou-

ches-régence sur un frais visage, comme les fleurs perdues dans
l'épaisse et brune chevelure d'une jolie femme.

Gênes s'élève sur les pentes les plus basses d'une montagne
dont le pied plonge dans la mer; des bosquets d'orangers l'enveloppent à gauche et à droite dans ses parties inférieures, tandis que son front, chauffé chaque jour au soleil de midi, est om-
bragé d'oliviers toujours verts, forêt sombre où scintillent,
comme autant de diamants, des villas en marbre, des kiosques
transparents en verre de couleurs, et couverts de tuiles vernies.

En arrière-plans de la montagne, dont les sommets verdoyants
abritent Gênes des vents froids du Nord, les Alpes s'étagent, en
superposant leurs cimes toujours plus élevées, jusqu'à disparaître dans les profondeurs du ciel.

Ici, s'étendent d'élégants villages, suspendus aux flancs de
la montagne; et là, de vieux châteaux démantelés, perchés sur
des rochers à pic, semblent défier les éléments. Partout,
d'ailleurs, la vie et la verdure.

Au premier plan, presque au niveau des eaux, les terres qui,
en infléchissant de gauche à droite et de droite à gauche, bordent la mer et nous enveloppent presque complètement, s'étendent, toujours vertes, jusqu'aux dernières limites de l'horizon.

La portion de mer ainsi circonscrite par ce vaste amphithéâtre de verdure est le golfe de Gênes. Ses rives, çà et là dente-
lées de criptes profondes et par les estuaires des torrents qui
descendent des montagnes, ont reçu la dénomination spéciale
de *Rivière de Gênes.*

La Rivière de Gênes se divise en deux parties : la Rivière du
Levant, qui se développe au levant de Gênes; la Rivière du
Couchant, qui s'étend à sa droite.

Le port est formé par deux promontoires étroits projetés, en
courbes rentrantes l'une vers l'autre, du pied de la montagne
sur les plans abaissés de laquelle Gênes est assise.

Le génie moderne a prolongé ces deux défenses naturelles,
en armant leurs extrémités de jetées en pierre qui s'avancent
en coulisse l'une vers l'autre, pour abriter le port de la violence

des vents du Nord-Ouest et du Sud-Ouest, et le défendre contre
l'assaut destructeur des lames du large aux jours d'ouragan et
de tempête.

Au fond de cette anse, au pied de la cité, sont édifiés ou amé-
nagés les divers établissements spéciaux, compléments obligés
d'un port de mer, tels que : chantiers, bassins, quais et cales
de chargement et de déchargement, magasins et bazars.

IV

L'extase où nous avait jetés le magique spectacle de la côte,
depuis près d'une heure s'étalant à nos yeux toujours plus
riche et plus variée, s'évanouit au contraste brutal de l'aspect
sombre, sec et dur des constructions sévères et des murailles
maussades qui, vers les vieux quartiers de la ville où nous
dépose notre batelier, enserrent plus étroitement le port.

Le changement était violent, en effet ; mais ce jeu de brus-
que alternative n'était, en somme, que l'ordinaire profit des
voyages, l'une des conditions essentielles qu'ils doivent remplir pour réaliser le programme des distractions que l'on s'en
promet en se mettant en route.

La monotonie, même par le ravissement, n'en est pas moins,
pour l'existence, un état sans secousse qui fait croire à la sus-
pension de nos facultés, et qui fatigue plus encore que le mouvement et la diversité pour la jouissance desquels sont faits
nos organes et notre intelligence.

Il est donc bon que les voyages, poursuivis par les routes les
plus accidentées et les plus diverses, soient marqués d'étapes
de surprises en tous genres.

Ici, après une route aux vastes horizons, une route que la
complaisance des éléments et les gracieuses attentions du capitaine Rossi avaient faite une partie de plaisir dans les plus
vastes proportions qui se puissent rêver, l'étape est une façon
d'impasse maritime, un point relativement étroit d'où la spé-
culation a banni la nature, où le ciel est voilé par des vapeurs

lourdement chargées d'une fumée âcre et puante, où le grand
espace est emmagasiné dans d'étroites et hautes constructions.

Nous avions là, du reste, ce que nous y venions chercher,
ce que, d'avance, nous savions y trouver; et le désenchante-
ment que nous avons éprouvé, amorti, d'ailleurs, dans ses effets,
par l'idée de la nouveauté que nous promettaient les courses à
faire à travers la ville et dans sa banlieue, n'a pu être que le
réveil, un peu soubresauté, de nos sens un instant assoupis dans
le charme caressant d'un rêve qui nous avait surpris.

Il eût fallu, d'ailleurs, que nous ne fussions que des enfants
pour nous étonner de la mine sévère et renfrognée ·l'un port de
mer. Chacun sait, en effet, que les circonstances particulières
d'abri et de défense qui peuvent, à l'état primitif, marquer
d'une façon gracieuse et pittoresque tel ou tel point de la côte,
n'y déterminent la création d'un port qu'à la condition absolue
que l'appropriation de cet abri, au but bien connu et tout spécial auquel il doit nécessairement répondre, sera réalisée comme
le sont toutes les créations d'ordre supérieur, indépendamment
des considérations étrangères aux services que l'on en attend.

Dans ces conditions, l'édification de l'ensemble raisonné des
établissements qui constituent la force première et la valeur
complémentaire d'un port, tels que les travaux de défense et
les arsenaux, n'a point à compter avec les effets pittoresques
du paysage.

Pour la fin qu'ils se proposent, les ingénieurs n'ont que faire
des élégances de convention, des fantaisies décoratives et des
délicatesses de détail, prodiguées, au contraire, avec juste raison, aux créations architecturales qui, comme les palais et les
temples, doivent, par la valeur artistique de leurs formes extérieures, sourire à tous venants et paraître aux yeux de tous
avec l'intention qui leur est propre, comme l'orgueil et l'orne-
ment de la cité.

Ces visées à l'agréable extérieur, les tours de force et les gracieuses souplesses de combinaison des lignes courbes, des lignes
droites et brisées, les ambitions du bas-relief et le jeu prodigué

des moulures, ne peuvent que pour une somme très restreinte, et seulement dans des vues exactement utiles, être pris au sérieux par les ingénieurs chargés d'assurer d'une manière efficace la protection réelle des forces et des richesses nationales contre les assauts également redoutables de la mer en fureur et des ennemis extérieurs.

Ici, le superflu n'est point, comme dans beaucoup d'autres occasions, la chose nécessaire.

Il est cependant convenable de reconnaître que, dans les travaux d'appropriation des ports de récente création ou transformation, il a grandement été tenu compte, en France du moins, de la satisfaction à donner aux instincts artistiques des masses populaires et à leurs exigences légitimes de bien-être physique, et que, tout particulièrement, les conditions de vaste espace, de commodité et de salubrité paraissent avoir été plus largement appliquées et mesurées, dans nos temps contemporains, qu'elles ne le furent jamais dans le passé.

Le réalisation de ces avantages tient surtout aux études préparatoires et d'ensemble_qui, de nos jours, faites en vue de besoins connus, spécifiés et prévus, ont pu utilement précéder la création des ports de récente construction.

Mais, comme Marseille avec son vieux port, Gênes, à sa naissance, ne pouvait guère soupçonner les exigences de service auxquelles sa rade aurait successivement à satisfaire, et c'est seulement en s'avançant progressivement dans les vingt-cinq siècles de son existence, que Gênes, selon le besoin du moment et la pression des circonstances, a complété ou modifié ses aménagements maritimes et les établissements complémentaires de son port.

Cela apparaît assez clairement à la seule inspection des lieux. Il y a, dans l'ensemble des constructions du port et dans les détails d'exécution de son plan général, des échantillons de construction de tous les âges.

Les quais du port de Gênes sont dentelés de « darses ». En général, sur toutes les côtes septentrionales de la mer Méditerra-

née, on nomme « darses » de petites baies, formées à l'intérieur
des ports par des saillants en maçonnerie, projetés de distance
en distance des murs de quai vers le large.

Il existe aussi des darses d'un plus grand développement, qui
sont de profondes échancrures pratiquées dans les parois du
port, et, dans ces conditions, les darses sont ce que, dans les
ports de l'Océan, on désigne sous le nom de « bassins ».

L'avantage le plus réel que, dans l'aménagement moderne
de nos ports, paraisse avoir l'établissement des darses, est de
multiplier pour les navires les points d'appontement et d'étendre l'espace qui leur est attribué sur l'aire des quais, pour faci-
liter leur chargement et leur déchargement. Mais le système
des darses me paraît remonter haut dans l'antiquité, où il a
existé pour des raisons qui ne sont peut-être point étrangères à
l'établissement des darses dans les ports de la Méditerranée à
l'époque déjà ancienne de leur construction. Il a dû être alors
un moyen perfectionné de protection pour les navires amarrés
ou à l'ancre dans le port.

C'est à l'aide d'imposants travaux d'enrochement et de maçonnerie, projetés du rivage vers la haute mer, à l'encontre
des lames que les vents du large, aux jours de tempête, lance-
raient, sans cet obstacle, jusque dans l'enceinte de nos ports,
que nous y faisons, au contraire, les eaux calmes sur lesquelles
les navires à l'ancre n'ont rien à redouter de la fureur extérieure
des éléments. Les Grecs et les Romains paraissent avoir ignoré,
dans l'antiquité, ces moyens de soustraire les eaux intérieures
de leurs ports à l'action tumultueuse et destructive de la mer
en courroux, et leurs navires, laissés à l'ancre sur les hautes
eaux du port, s'y trouvaient, au moindre mauvais temps, fort
exposés et fort compromis. Pour parer à ce grave inconvénient,
les anciens avaient imaginé un système de « loges protectrices »,
où ils remisaient les navires de leurs flottes [1].

---

[1]   *In cava ducuntur quassæ navalia puppes,*
        Ne temere in mediis dissolvantur aquis.
                (OVIDE: *Trist.*, lib. IV, eleg. VIII.)

Ces loges, dont l'ampleur était déterminée par les dimensions du navire ou des navires qu'elles devaient abriter étaient pratiquées dans celles des parois du port dont les sections étaient obliques ou parallèles à l'axe de l'entrée du port.

Les murs séparatifs de ces loges, projetés, parallèlement entre eux, du quai vers les hautes eaux du port jusqu'à une distance commandée par l'expérience, alignaient sur un même plan chacune de leur pointe.

Dans ces conditions, lorsque, aux jours de tempête, la lame, poussée par le vent du large, se ruait avec fureur dans l'intérieur du port, prise d'écharpe par les obstacles successifs que lui opposait obliquement la ligne des pointes des murs séparatifs des loges, elle passait en expirant devant chacune d'elles, sans agiter sensiblement leurs eaux intérieures.

Le port de Syracuse, assez grand pour être le théâtre d'un combat naval où s'entre-choquèrent cent soixante vaisseaux ([1]), était pourvu de trois cents de ces loges, pratiquées à droite de l'entrée du port, et, par cette disposition, à l'abri de l'action compromettante des flots aux jours de tempête; et le port de Civita-Vecchia, — à ne consulter que son nom ancien, *Centum-Cellæ*, « Cent-Loges », — paraît en avoir compté cent.

Les darses, dans les ports du nord de la Méditerranée, me semblent être une réminiscence ou un reste du système des loges marines des Grecs et des Romains; et tout particulièrement dans le port de Gênes, abstraction faite des ouvrages modernes, qui aujourd'hui en annulent ou en modifient le but et l'usage primitifs, elles se présentent dans des conditions qui leur donnent une signification réelle d'existence antérieure et d'intention protectrice, à la manière des loges marines de l'antiquité.

Deux môles, — *moles*, masse, — ou jetées, protégent aujourd'hui les eaux intérieures du port de Gênes.

([1]) L'an 413 avant notre ère. Les Syracusains avaient soixante-quatorze vaisseaux; les Athéniens, qui furent battus, en avaient quatre-vingt-six.

L'un de ces môles, nommé le « Vieux Môle », s'appuie sur une suite d'îlots de rochers qu'il a suffi de relier entre eux par des chaussées faciles à établir pour en faire un obstacle tout-puissant à l'action de la mer, et couvrir ainsi contre sa fureur la partie sud-est du port de Gênes. L'autre môle, le nouveau, abrite le port contre les vents du Nord-Ouest et du Sud-Ouest.

L'établissement du premier de ces môles, tout naturellement indiqué par la série de brisants sur lesquels il s'élève, doit dater des temps les plus anciens ; et le nom qu'il porte, sans spécifier l'époque de la construction du vieux môle, indique assez cependant, par la vague idée d'antériorité qu'il fait naître, que cet ouvrage existe, pour les Génois, de toute antiquité.

Longtemps il a dû rester la seule digue opposée, à l'entrée du port de Gênes, à la fureur de la mer ; et le nom de « Nouveau Môle », donné à la jetée du Nord-Ouest, prouve bien que, sur ce point, l'entrée du port de Gênes n'a été protégée contre la lame du large que dans des temps tout à fait modernes.

Mis, par le vieux môle, à l'abri de l'action de la mer poussée du large par les vents du Sud et du Sud-Est, le port de Gênes, avant la construction de la jetée du Nord-Ouest, était, au contraire, tout grand ouvert aux fureurs de la lame soulevée, aux jours des tempêtes, par les vents du Nord-Ouest et du Sud-Ouest, et c'était alors que, par la disposition des saillants successifs qui forment les darses du port de Gênes, le flot, heurté d'écharpe et brisé en détail, perdait de sa fureur et respectait les navires amarrés dans les espaces cloisonnés.

En fermant au Nord-Ouest le port de Gênes, le nouveau môle a eu pour effet d'y maintenir le calme des eaux dans les gros temps de Nord-Ouest et de Sud-Ouest, et, sinon d'annuler complètement le bénéfice primitif de l'établissement des darses, d'en modifier au moins, dans nos temps modernes, le but et l'usage, en les réduisant au rôle d'appontements supplémentaires.

La darse principale du port de Gênes, la plus grande, la seule qui soit fermée, et dont l'enceinte paraît avoir été formée de la somme de plusieurs des petites darses primitives dont les murs séparatifs ont été enlevés, est attenante à l'arsenal de la marine royale; c'est la « Darsena », le bassin où flotte la réserve des forces maritimes de l'Italie pour la portion confiée jusqu'ici au port de Gênes.

L'arsenal maritime de Gênes va être, en effet, transporté à Spezia, au fond de la baie profonde dont l'entrée est commandée par « Porto-Venere », l'ancien *Portus-Veneris* des Romains, et près de l'embouchure du Macra, fleuve d'assez mince apparence, qui aux temps romains était la limite territoriale de la Ligurie et de l'Étrurie, et sur les rives duquel était assise l'ancienne « Luna », ville forte disparue dans les alluvions du fleuve, toute noble encore de la grande réputation que Pline lui avait faite pour l'excellente qualité de ses vins et de ses fromages.

V

Aux grands jours de sa splendeur, Gênes n'eut point d'industrie particulière dont, à proprement parler, on puisse dire aujourd'hui qu'elle ait alors vécu.

Comme Venise, elle avait dans ces temps-là, en témoignage de son existence, l'éclat de sa suprême puissance, qu'elle appuyait de ses flottes nombreuses; et pour la faire vivre somptueusement, l'industrie générale de la mer, aujourd'hui aussi vaste que le monde, et qui, pour Gênes, s'étendait alors du détroit de Gibraltar au fond de la mer d'Azoff.

Ses possessions sur la vieille terre de la Chersonèse Taurique, celles qu'elle avait dans l'Archipel grec et sur le littoral méditerranéen de l'Asie-Mineure, lui permettaient de dominer tout à la fois le cours du Don, les côtes de la mer Noire, et d'envelopper de son protectorat presque toutes les contrées maritimes de l'Asie-Mineure, en même temps que, par les stations navales et les comptoirs qu'elle avait échelonnés sur sa route, plus près d'elle, elle complétait la chaîne sans fin de la puissance qui, trois siècles durant, en fit la reine de la Méditerranée.

Tant de points éloignés à défendre, tant de stations et de contrées à protéger, tenaient ses arsenaux en travail perpétuel d'armements et de réparations pour ses flottes militaires; tandis que son trafic, en s'étendant à tous les points abordables sur la Méditerranée et sur la mer Noire, donnait à ses flottes commerciales une activité sans trève largement alimentée par les échanges de l'importation et de l'exportation.

Pour satisfaire aux exigences de ce double service, toutes les industries alors connues étaient mises en œuvre, et offraient ainsi à la population génoise des chances de bénéfices qui, étant proportionnelles au développement rationnel de chaque industrie les faisaient prospérer toutes également.

En tous temps et chez tous les peuples, en politique aussi bien que dans les arts et dans l'industrie, les succès surexcitent les ambitions.

Les Génois, si heureusement partagés en tout et partout, n'échappèrent point aux effets fascinateurs de la loi toute naturelle de l'exaltation des appétits par les succès, et, dans l'élan de leur entraînement, ils portèrent leur attention sur tous les faits et sur tous les points où ils pouvaient espérer trouver des éléments capables de leur assurer de nouveaux succès et de nouveaux triomphes.

Parmi les bénéfices que, dans ce sens, les Génois retirèrent de leur intervention toute spéculative dans les Croisades, il faut citer l'art de fabriquer le papier, qu'ils acquirent, ainsi que les Français, des Arabes de la Palestine, art qui fut leur ressource aux jours de déchéance politique, et qui les maintint dans un état de prospérité relative quand, depuis longtemps déjà, l'obscurité s'était faite dans le monde sur l'éclat désormais intime de leur République.

Le commerce que les Génois ont fait avec le papier s'est étendu pendant plusieurs siècles à toutes les échelles du Levant, à l'Espagne, aux côtes barbaresques, et, quand leur compa-

triote Christophe Colomb eut donné l'Amérique à l'Espagne,
il leur échut le privilége de fournir de papier les Indes occidentales (¹).

Au commencement du dernier siècle, les papeteries de la
Rivière de Gênes, c'est à dire du territoire de l'État de Gênes,
jouissaient encore d'une si haute réputation de bonne fabrication, que leurs produits étaient achetés à l'étranger au prix des
plus grands sacrifices et malgré les droits excessifs qui les frap-
paient à l'exportation, quand ils quittaient Gênes, et à l'importation, quand ils arrivaient dans les pays de consommation.

L'Angleterre recherchait les papiers de Gênes avec une préférence marquée; et une pétition adressée, sous le règne de la
reine Anne d'Angleterre, par les fabricants anglais de cartes à
jouer, à la Chambre des Communes, fait connaître que, pour
cette seule branche d'industrie, — la fabrication des cartes, — il
se consommait par an, en Angleterre, quarante mille rames du
papier blanc de la Rivière de Gênes (²).

Mais moins d'un siècle plus tard, en dépit des éléments de
succès que pouvaient encore posséder les fabriques à papier de
la Rivière de Gênes, les commandes se retiraient de ce centre
jadis si renommé de bonne fabrication, pour se porter plus près
du marché d'approvisionnement des deux mondes, vers Bordeaux, dans les vallées nombreuses qui s'ouvrent en éventail
au pied de la montagne qui porte Angoulême, où, dès longtemps
déjà, les Henry Lacourade, les Henry Villarmain, les Lacroix,
les Laroche, luttant d'intelligence et de savoir avec les plus
habiles fabricants de papiers du temps, exploitaient par eux-
mêmes les moulins à papier fondés par leurs auteurs: moulins
qui, de nos jours, heureusement transformés, font encore la
fortune du pays et perpétuent la gloire des dynasties indus-
trielles qui les dirigent depuis plusieurs siècles déjà.

Quant à Gênes, aujourd'hui destituée de sa grandeur, sans

(¹) Gênes était alors devenue la cliente de l'Espagne.
(²) Auguste LACROIX : *Historique de la Papeterie; Rapports des Expositions.*

industrie propre qui la signale au monde et la fasse spécialement rechercher, elle ne voit plus son port s'éveiller qu'au bruit
d'un cabotage parasite qui est l'ironie de son importance maritime d'autrefois, et elle n'a plus de signification et de valeur
dans le monde que par les reliefs de son passé grandiose, qu'elle
exploite à titre de curiosité historique, mais en réalité pour
vivre.

VI

Gênes, dit Cluvier, qui écrivait il y a un peu plus de deux
siècles, est de toutes les villes de l'Italie celle qui renferme le
plus d'édifices et les plus beaux ; et, ajoute-t-il, dans le nouveau
quartier qui se nomme *Strada Nuova*, — Avenue-Nouvelle, — il
n'y a pas une maison qui ne soit digne de recevoir le souverain
le plus puissant (¹).

Cette appréciation de l'importance des maisons qui bordent
à Gênes la « Strada-Nuova » a pu être exacte il y a deux siècles, à l'époque où les vieilles Tuileries et notre vieux Louvre
suffisaient, avec Versailles, Fontainebleau et quelques autres
palais, à l'importante mise en scène de l'autocratique royauté
de Louis XIV : mais il n'en est plus tout à fait ainsi ; et si,
d'aventure, l'enthousiaste appréciation de Philippe Cluvier, à
l'endroit des palais de Gênes, était de nos jours reproduite et
présentée comme l'expression de la vérité par quelque géogra-
phe mal-appris ou distrait, elle serait bien certainement taxée
d'inconséquence et blâmée comme irrévérencieuse et malséante
à tous égards.

Aussi, les *Guides de l'Étranger en Italie* se bornent-ils, avec
une prudence pleine de convenance et de sage réserve, à signa-
ler tout simplement à l'admiration des touristes qui visitent la

----

(¹) « *Genua urbs omnium italicarum ædificiorum splendore ac magnificentia
superbissima, quippe in eo vico, qui novus, vulgo « Strada Nuova » dicitur, nulla
est domus quin digna regem vel potentissimum excipere.* » (Ph. CLUVERII, *Introd.
Geogr.*, lib. III, cap. XXXVI.)

« Ville des Palais » une trentaine des somptueuses demeures qui ont valu à Gênes ce surnom un peu vieilli, en y ajoutant comme appoint de curiosité un contingent fort raisonnable d'églises et de théâtres, de places publiques et de villas.

Je n'ai point à dire si la part faite à l'ambitieuse curiosité des voyageurs est trop grande ou trop petite, pas plus que je n'entends revenir sur les descriptions cent fois faites des palais de Gênes, de ses églises et de ses villas ; mais, puisqu'il m'est assuré par les vétérans de l'excursion en Italie que l'expérience que j'ai pu faire à Gênes du caractère italien est une étude que je puis regarder comme définitive, il me semble que c'est ici le lieu de s'en expliquer.

Le caractère général des peuples se fait et se façonne comme le caractère particulier des corporations, des familles et des individus, par la pratique de la loi naturelle et presque intuitive des influences de milieu qui, aussi bien dans l'ordre physique que dans l'ordre moral, s'imposent sans effort et sans fatigue aux populations, aux corporations, aux familles et aux individus.

Tous les hommes, en effet, — dans des conditions qui varient d'intensité et de nuances en raison du milieu où se forme leur esprit, mais certainement à un degré quelconque, — sont redevables aux soins de première éducation de l'usage qu'ils font, dans l'âge mûr, sans même s'en rendre bien compte, d'une foule de notions générales tant physiques que morales, qui, de temps immémorial, lancées dans la circulation avec une valeur axiomatique, figurent dans la pratique de la vie courante comme la monnaie la mieux affinée de la sagesse humaine, et constituent d'ailleurs, dans leur ensemble, la base fondamentale de la valeur morale et physique des nations.

C'est ainsi que les principes de religion, — soit dit ici sans aucune distinction de croyance, — servis à l'appétit accommodant de la naïve confiance des enfants, comme l'expression incontestée et incontestable de la vérité, pénètrent, tout d'une pièce, vierges de discussions compromettantes et de compa-

raisons dangereuses, dans l'esprit des jeunes générations, qui
chaque jour, s'ajoutant les unes aux autres, forment ces agré-
gations de familles, même de peuples, où tous les individus
attachés au même emblème, guidés par le même signe, im-
prégnés de la même foi, réalisent, par leur communion dans
le même sentiment religieux, un seul et même troupeau de
croyants.

C'est encore ainsi que le sentiment de la confraternité et de
l'honneur, que la science des langues, du droit et de l'histoire,
inculqués et enseignés d'après des vues générales d'ensemble
et des principes uniformes à toutes les populations, même dis-
parates, à un vaste et même territoire, font de ces populations
un corps de nation dont tous les membres sentent battre leur
cœur à l'unisson, dès qu'il s'agit de l'indépendance, de l'honneur et des intérêts de la grande communauté nationale dont
ils relèvent.

Ce que les soins généraux de première éducation, donnés aux
populations, réalisent dans le monde des peuples pour le règne
de la loi de conscience et l'établissement des nationalités, les
soins plus circonscrits d'éducation intime et spéciale, donnés par groupe d'individus, le réalisent dans le cercle également plus circonscrit des sentiments de famille et de l'esprit de
corporation.

C'est ainsi que l'éducation de l'intimité et du foyer, chez les
familles nobiliaires, provoque dans l'esprit de chacun de leurs
membres la prétention étroite et ridicule d'une valeur personnelle absolue et d'un mérite particulier de race qui fait de l'ensemble de ces familles une classe d'êtres à part, comme l'éducation de l'atelier, en formant l'esprit de corps, forme les
corporations ; comme l'éducation des camps et de la caserne, en
formant l'esprit militaire des soldats, forme la valeur morale
des armées.

Les influences de milieu, — naturelles comme le sentiment
de la conservation, conventionnelles comme le sentiment religieux et l'esprit national, — étant ainsi reconnues être l'instru-

ment le plus réel et le plus actif de l'éducation naturelle ou
spéculative des individus, des familles et des peuples, il nous
suffira, pour être fixés d'une manière certaine sur la valeur et la
portée du caractère italien, de connaître les circonstances per-
manentes sous l'influence desquelles se forme en Italie l'esprit
des générations et sous la pression desquelles il s'exerce.

Deux grandes époques historiques ont sacré l'Italie dans le
souvenir du monde moderne :

L'époque romaine, qui en fait la terre d'étude de tous les arts
de la paix et de la guerre qui ont marqué l'existence du monde
romain, et l'époque de la renaissance, qui la désigne comme
le génie bienfaiteur des peuples nouveaux.

Tant que, par l'effet des circonstances accidentelles que nous
avons rapportées, Gênes et les autres républiques italiennes
purent vivre d'une vie qui leur fut propre, ce fut au sentiment
exagéré de leur valeur réciproque que se forma le caractère des
populations italiennes.

En ce temps-là, quoique morcelée, l'Italie était une personnalité, et les Italiens une nation qui marquait toutes ses allures
au coin de la fierté originelle de l'esprit de vie et d'indépendance.

Mais un jour vint où, primées et distancées dans les actes de
la vie publique et dans les efforts de la vie intime par les
nations qui se formèrent autour d'elles, les républiques de
l'Italie sentirent se tarir dans leur sein les sources circonstan-
cielles de leurs succès passagers.

C'est alors que, destituées de leurs hautes ambitions, inha-
biles à l'industrie, qui donne, par le travail intelligent et profi-
table, la vie du corps, la fierté du sentiment et l'indépendance
de l'esprit, les populations des villes historiques de l'Italie,
désormais tombées dans le marasme de la vie léthargique,
durent, à l'exemple des marmottes de leurs montagnes, qui,
aux jours d'hivernage, se nourrissent de l'embonpoint acquis
dans les beaux jours, vivre elles-mêmes des bénéfices de leur
gloire du temps passé.

Chaque ville historique de l'Italie exhuma dès lors ses moyens d'existence.

Les unes les tirèrent de l'époque romaine ; les autres, de l'époque de la renaissance ; d'autres en prirent un peu partout et crurent que ce ne serait pas trop faire que d'appeler à leur secours les arts, l'histoire et la nature.

Gênes exalta ses palais, ses églises et ses villas ; Pise, sa tour penchée et ses malheurs ; Florence, ses galeries et son beau ciel ; Venise, ses palais et Saint-Marc, ses lagunes et ses doges ; Rome, ses antiquités et ses galeries particulières, le Pape et Saint-Pierre ; Naples, son golfe et le Vésuve, Pompéi et Herculanum, et les populations de l'Italie se constituèrent les hôtes servants du monde cosmopolite des oisifs, des peintres, des sculpteurs, des architectes, des stratégistes, des ingénieurs, des historiens et des philosophes qui, en quête de distractions, de modèles, de plans et de sujets d'études, accoururent chez elles de tous les coins de l'univers.

Et c'est dans la préoccupation des satisfactions à donner, sous tous les rapports, aux besoins toujours inassouvis des nomades qui chaque jour en plus grand nombre les envahissent, que se forme, depuis tantôt deux siècles, l'esprit des populations italiennes.

La culture de l'étranger est la pensée qui domine tous leurs actes, celle à laquelle se rapportent tous leurs projets, et qui règle ou commande tous leurs mouvements.

Ce parti pris d'existence subordonnée, — qui fait en Italie les sigisbés sans vergogne et les maris complaisants ; qui force les grands seigneurs de la noblesse et de la finance à ouvrir, pour un petit écu, leurs palais et leurs villas, leurs galeries et leurs jardins à tous venants ; qui attelle à la suite des étrangers tout un monde d'hôteliers, d'interprètes, de *ciceroni*, de complaisants et de mendiants, — ne peut manquer d'avoir sur le caractère italien une influence décisive, et je n'ai plus sans doute à faire comprendre dans quel sens d'abâtardissement fâcheux agit cette influence.

IV

PISE

I

Si, dans les conditions subalternes où désormais elle se produit au monde, Gênes, — avec ses splendeurs vides, avec ses palais où les morts nourrissent les vivants, avec ses carrefours et ses parvis où les parasites de l'art et de l'histoire se pressent en foule sous les pas des visiteurs étrangers qui les font vivre, — ne peut plus être que l'ombre dolente et vaine de ce qu'elle fut au moyen âge et dans les beaux temps de la renaissance; de son côté, Pise, son ancienne rivale, n'est plus guère qu'un mausolée qui marque aujourd'hui sur l'Arno la dernière étape de sa propre existence.

C'est surtout par les coups que Gênes lui a portés que Pise, malgré l'héroïque résistance qu'elle a déployée, a définitivement été frappée à mort. Il semblerait donc, dans ces conditions, que cet événement ait dû s'accomplir au bénéfice exclusif de Gênes. Il n'en a pas été ainsi, et, au contraire, il se dégage de l'histoire de la rivalité des deux Républiques, telle que je la vois dans les faits dont elle est accentuée, telle que je la comprends dans ses fins immédiates, un enseignement d'une saveur philosophique dont l'arrière-goût a tout à la fois quelque chose d'ironique à l'adresse de Gênes et de Lucques, et de flatteur, au contraire, pour Florence, qui, dans la querelle, a su jouer avec adresse le rôle du troisième larron (¹).

Je vais tâcher de préciser, par une relation succincte des faits, la portée de cet enseignement; de montrer comment, dans la vie

---

(¹)   Arrive un troisième larron
              Qui saisit maître Aliboron.
                   (LA FONTAINE, liv. Iᵉʳ, fable XIII.)

des deux Républiques, il se manifeste insensiblement par une
série de circonstances accessoires, et comment, enfin, lancées
parallèlement sur une pente qui les porte d'abord sans encom-
bre vers une fortune à peu près égale, il arrive un jour où,
condamnées toutes les deux au repos forcé, les deux Républiques, malades de l'inaction qui les tue, se prennent de querelle
au lieu de s'entendre pour se tirer d'affaire le mieux possible
et laissent, en définitive, quelques intervenants faire leur profit
personnel de leur conduite maladroite.

Cette étude originale, je crois, vaudra mieux qu'un inventaire des lieux, inventaire qui, d'ailleurs, n'est plus à faire.

II

Pise a trois fois vécu. Tous les âges historiques, — haute
antiquité, époque gréco-romaine, moyen-âge et renaissance, —
tous ont passé sur elle et l'ont connue, forte et vaillante, courant fièrement les bordées de ses destinées pour grandir dans le
monde ou tomber noblement.

Pline et Strabon, sans désigner l'époque précise de sa fondation, s'accordent sur ce point, que Pise est d'origine grecque;
et Denys d'Halicarnasse, à l'encontre de quelques historiens,
assure qu'elle existait avant la guerre de Troie ([1]).

L'histoire de l'Étrurie pourrait être en partie l'histoire de la
première période de l'existence de Pise; mais la vie réelle des
peuples étrusques aux temps anciens est encore une énigme
historique, et la première période de l'existence de Pise reste,
comme les temps anciens où vécurent les Étrusques, envelop-
pée des nébulosités lointaines qui nous dérobent la connaissance
des faits de haute antiquité dans toute l'Italie.

([1]) C'est la treizième année du règne de Ménesthée, roi d'Athènes, que
les Grecs entreprirent la guerre de Troie (1218 ans avant l'ère vulgaire), et
Troie a été prise le vingt-quatrième jour du mois de Thargélion, la vingt-
deuxième année du règne du même Ménesthée (1209 ans avant l'ère vulgaire). — (*Marbres de Paros.*)

III

La portion de mer qui, vers l'embouchure de l'Arno, baigne les côtes méridionales de l'Italie, comprises entre 43° et 44° de latitude nord, a été nommée dans les temps romains *Sinus Pisanus* (Golfe de Pise), et cette désignation, qu'elle tint du voisinage de *Portus Pisanus* (Port de Pise), situé à l'embouchure de l'Arno, dit assez l'importance considérable qu'eut dans l'antiquité la ville qui paraît avoir été alors le port le plus fréquenté de l'Étrurie.

Pise, comme Athènes, était divisée en ville maritime et en ville d'administration et des arts, et le *Portus Pisanus*, à l'embouchure de l'Arno, était pour Pise ce qu'était, à l'embouchure du Céphise, le Pirée pour Athènes.

Quand Énée aborda en Italie, Pise fournit un contingent respectable dans la flotte auxiliaire de trente vaisseaux que mirent à sa disposition les colonies grecques, depuis longtemps établies en Italie (¹).

Cette circonstance contredit formellement l'opinion des écrivains qui prétendent que Pise d'Étrurie a été fondée par les Piséens d'Élide, alors seulement que, revenant du siége de Troie, poussés loin de leur route par une violente tempête, ils durent venir échouer leurs navires sur les côtes de l'Étrurie.

IV

Durant les premiers siècles de Rome, Pise a vécu d'une vie propre dont les détails sont assez peu connus.

L'an 534 de la fondation de Rome (216 ans avant l'ère vulgaire), P. Cornélius, père de Scipion l'Africain, débarqua à Pise, venant de Rome, avec son fils encore adolescent *(prætex-*

(¹)   *Hos parere jubent Alpheæ ab origine Pisæ,*
Urbs Etrusca solo.

(VIRGILE : *Énéide*, liv. X, vers 179 et 180.)

tatus) et ses légions de vétérans, et c'est de là qu'il partit avec les recrues que lui avait amenées, par terre, Manlius Atilius, pour se porter vers la vallée du Pô, au devant d'Annibal (¹).

Pise était alors l'alliée des Romains; mais, quelques années plus tard, vers l'an 574 de la fondation de Rome (176 ans avant l'ère vulgaire), quand le consul Posthumius Albinus eut définitivement soumis les Ligures (572 ans de la fondation de Rome, 178 ans avant l'ère vulgaire), à la demande des Pisans, qui offraient à Rome un vaste territoire à partager entre des colons, le Sénat leur envoya une nombreuse colonie et délégua des triumvirs pour aller l'installer (²).

L'occupation romaine, et tout particulièrement l'ère impériale des Césars, ont doté Pise d'arcs de triomphe, de théâtres et de temples dont il ne reste aujourd'hui aucun vestige, grâce à la rage de destruction des Sarrasins et des Maures, qui, après dix siècles, semblent ainsi venger sur l'Italie moderne l'humiliation et la ruine de Carthage, leur aïeule.

Pise a été un instant désignée par le nom de *Julia Obsequens*, qu'elle avait reçu d'Auguste; mais cette appellation par trop vassale n'a pas prévalu, et la dénomination que Pise avait reçue de ses fondateurs primitifs lui est demeurée dans l'histoire et pour l'histoire, en dépit des décrets impériaux, qui prétendent régenter jusqu'aux sentiments des peuples.

En raison des services qu'ils avaient pu rendre au peuple romain, les Pisans jouissaient à Rome du droit de cité; mais ce droit était restreint pour eux à la faculté d'élire les magistrats, et ils ne pouvaient point être élus magistrats de Rome.

V

Les circonstances qui, en révélant Gênes à elle-même, l'ont portée par l'héroïsme jusqu'à l'indépendance, ont agi sur Pise

---

(¹) *Ea P. Cornelio consuli caussa fuit, quum Pisas navibus venisset, exercitu a Manlio Atilioque accepto tirone,... ad Padum festinandi.* (TITE-LIVE, liv. XXI.)

(²) *Pisanis agrum pollicentibus, quo latina colonia deduceretur, gratiæ al Senatu actæ, triumviri creati ad eam rem......* (TITE-LIVE, liv. LX.)

dans le même sens; et après la chute de l'Empire Romain, les incursions des Barbares, qui affligèrent si tristement le reste de l'Italie, ont été au contraire, pour Gênes et pour Pise, un réel instrument de grande fortune.

Les flottes qu'elles avaient dû équiper pour se défendre, leur servirent ensuite à conquérir.

Il est vrai que Gênes et Pise, dont la fortune était encore à faire, pouvaient alors y pourvoir amplement, ainsi que Venise, dans le bassin de la Méditerranée, où, dès l'abord, chacune des trois Républiques sut faire sa part.

Ainsi, Gênes et Venise, poussant jusque dans l'archipel grec, en Crimée, dans la mer d'Azoff et sur les côtes de l'Asie-Mineure — où les Croisades amenèrent aussi Pise un peu plus tard, — trouvaient d'avantageuses compensations aux dépenses de leurs armements maritimes en perpétuelle activité; Pise, de son côté, acquérait, par la puissance directe de ses armes, la Sardaigne et les îles Baléares, et, d'autre part, grâce à sa politique facile vis-à-vis des Papes, politique qu'elle dut cependant, dans cette circonstance, appuyer activement avec ses armes, elle rangeait sous ses lois la Corse, que lui avait donnée le pape Urbain II, en reconnaissance des bonnes dispositions dont l'évêque de Pise, Raimbert, et les Pisans avaient fait preuve en faveur du Saint-Siége, à l'époque du schisme soulevé en Italie (1091) par l'antipape Guibert (¹).

Mais en multipliant ainsi leurs possessions dans la Méditerranée, les Républiques maritimes de l'Italie multiplièrent aussi

(¹) A cette même époque, l'évêché de Pise, jusqu'alors suffragant de l'archevêché de Florence, en fut détaché et érigé en archevêché, avec la Corse pour suffragant.

La bulle expédiée par le pape Urbain II, à propos de la donation de la Corse à Pise, est du 28 juin 1091. Le Pape y dit que l'empereur Constantin, ayant donné en propre l'île de Corse à saint Pierre et à ses Vicaires, et le pape Grégoire VII ayant pu, après plusieurs siècles, rentrer en possession de cette île, il la transporte à l'église de Pise.

Cette donation et les priviléges de l'archevêché de Pise ont été confirmés par Urbain II, à Anagnie, le 22 avril 1092.

leurs points de contact, et chacune d'elles se sentant d'ailleurs
assez puissante pour étendre encore ses possessions, l'inconvénient de se mouvoir dans un espace trop circonscrit se manifesta bientôt comme une gêne vis-à-vis de toutes ces ambitions démesurément surexcitées par leurs succès réciproques.

Désarmer, de manière à vivre en bonne intelligence, eût
alors été le plus sage parti pour les Républiques italiennes :
mais cette prudente ligne de conduite ne put être suivie.

VI

Les forces maritimes de Pise, de Gênes et de Venise, équipées
d'abord pour repousser les Sarrasins, s'étaient successivement
accrues de contingents supplémentaires devenus impérieuse-
ment nécessaires pour protéger leurs acquisitions, tout en
servant à en faire de nouvelles.

Tant qu'il resta, pour occuper les forces des trois Républiques,
des terres à acquérir selon leurs convenances, et des ennemis à
rançonner, l'importance de ces forces, activement et lucrativement employées, donnant à chacune des parties toutes les satisfactions qu'elles ambitionnaient, les laissait vis-à-vis l'une de
l'autre sans préoccupation; mais, quand le rôle de la vengeance
à tirer des Sarrasins et celui de la conquête furent terminés, le
calme qui se fit autour des Républiques italiennes leur permit
de se recueillir réciproquement, et, en se voyant en mains des
forces si puissantes, elles eurent respectivement à leur égard
des craintes et des ambitions qui les obligèrent à se maintenir
en armes.

Cette nécessité, pour les Républiques italiennes, d'entretenir
pendant la paix une force maritime capable, à tout événement,
de couvrir d'une manière efficace leur métropole et leurs possessions, et de les défendre des ambitions de voisinage, d'une
part, leur créait des charges énormes sans compensation, et,
d'autre part, en multipliant chaque jour davantage les causes
d'irritation et de suspicion réciproques, les avait déjà fait cou-

rir aux armes les unes contre les autres, quand, fort heureusement pour elles, Pierre l'Hermite inventa les Croisades.

Ces folles entreprises, en occupant lucrativement et activement, comme chacun sait, les marines des Républiques italiennes, changèrent en triomphe le désastre prochain dont elles étaient menacées.

A cause de l'influence qu'elles eurent sur le sort des villes dont nous nous occupons, il n'est pas hors de propos de dire ici à quelle circonstance frivole l'Europe dut d'entreprendre les Croisades, qui la ruinèrent sans donner les résultats ambitionnés, tout en fournissant pour un temps à Pise, à Gênes et à Venise de nouveaux éléments de prospérité.

VII

Pierre l'Hermite était un moine du diocèse d'Amiens qui, par tempérament, se plaisant à vivre dans l'isolement et de privations, à marcher pieds nus et à se vêtir de haillons, embrassa, au nom de la religion, la vie érémitique.

Un voyage à pied à Jérusalem lui paraissant être une distraction assez conforme à ses goûts et pouvoir d'ailleurs donner satisfaction à ses aspirations mystiques, il se mit en route et arriva aux Saints Lieux.

Les Saints Lieux étaient, comme aujourd'hui, occupés par les Infidèles: le temple de Jérusalem servait alors, comme aujourd'hui, de mosquée aux disciples de Mahomet, et les chevaux des mécréants piaffaient et hennissaient tout à leur aise autour des murs du Saint Sépulcre.

En raison de circonstances historiques antérieures, et de leur voisinage des Saints Lieux, c'était aux Grecs, — car en ce temps-là les Grecs étaient encore à Constantinople. — c'était aux Grecs qu'incombait le soin de protéger Jérusalem: mais, alors, les Grecs, traqués de toutes parts par les mahométans, ne pouvant qu'à grand'peine se maintenir chez eux, étaient impuissants à couvrir Jérusalem.

L'Église de Jérusalem était en ce moment gouvernée par le

patriarche Simon, qui vivait là assez maigrement, avec son troupeau, comme lui entouré de dangers.

À son arrivée à Jérusalem, Pierre alla trouver le patriarche Simon; mais ces deux religieux, qui pratiquaient la même croyance, ne parlant pas la même langue, durent mettre entre eux un interprète.

Le récit que, par ce moyen, le Patriarche fit faire des maux de l'Église d'Orient, fut, paraît-il, des plus pathétiques, et Pierre l'Hermite, touché jusqu'au fond du cœur des souffrances endurées en Palestine par les serviteurs du Christ, ne marchanda pas à Simon les secours de l'Occident, et, en homme de foi et d'enthousiasme, il les lui promit.

Simon remit donc à Pierre des lettres pour le Pape, et le moine d'Amiens était sur le point de quitter Jérusalem, quand un jour, faisant ses dévotions dans l'église du Saint-Sépulcre et recommandant à Dieu le succès de son voyage, il s'endormit.

Le lieu étant propice et l'heure bien choisie, le Christ lui apparut en songe, et lui dit (¹) : « Lève-toi, Pierre, hâte-toi d'exécuter ta commission sans rien craindre, car je serai avec toi. Il est temps que les Saints Lieux soient purifiés et mes serviteurs secourus (²). »

Sur d'aussi belles paroles, Pierre l'Hermite quitta Jérusalem, vint à Rome, vit le Pape, et, pour la plus grande gloire de Dieu et de la Sainte Église, les hommes d'Occident vinrent égorger saintement ceux de l'Orient.

Ce jeu d'enfer dura deux siècles, deux siècles pendant lesquels les marines de Pise, de Gênes et de Venise eurent exclusivement la lucrative mission de transporter les Croisés en Palestine et de les y ravitailler.

(¹) Si, comme le dit dom Calmet, dans son *Histoire des Croisades*, où je puise ces détails intimes, Pierre l'Hermite ne connaissait ni le latin, ni le grec, ni l'hébreu, c'est donc en français — en français barbare du moyen âge — que le Christ dut parler à Pierre l'Hermite. Cela n'est pas indifférent à connaître.

(²) Dom CALMET : *Histoire universelle*, livre CVI (*Croisades*).

Ces deux siècles furent un temps de prospérité inouïe pour les trois Républiques maritimes de l'Italie.

Un jour arriva pourtant que cette sanglante et stérile équipée des Croisades prit fin, et bien longtemps avant que la bonne parole que le Christ avait dite à Pierre se fût vérifiée, la guerre en Palestine avait dû se terminer faute de combattants.

Les flottes de Pise, de Gênes et de Venise, désormais inoccupées, devinrent un embarras pour les Républiques italiennes, et, à force de se heurter souvent, peut-être involontairement, aux intérêts qui leur étaient réciproquement opposés, elles engendrèrent entre les Républiques des causes de suspicion, d'inimitiés et de haine.

Dans ces conditions de susceptibilité mutuelle, les motifs les plus futiles pouvaient, à chaque instant, allumer la guerre; et d'ailleurs, comme si l'aigreur de leurs relations n'eût pas suffi aux Républiques maritimes de l'Italie pour les armer les unes contre les autres, des causes collatérales de collision s'étaient formées près d'elles.

VIII

Tandis que Pise et Gênes, trouvant dans leurs travaux à la mer, même en compagnie de Venise, toutes les satisfactions d'intérêt et d'amour-propre qu'elles pouvaient souhaiter, avaient négligé de constituer autour de leur métropole un territoire assez étendu et des dépendances assez bien protégées pour leur donner en Italie une position prépondérante et la force de se faire respecter de leurs voisins, Florence et Lucques avaient grandi et étaient devenues, dans une certaine mesure, des puissances territoriales.

Chaque groupe des Républiques italiennes avait ainsi prospéré dans son élément; mais, bientôt, l'ambition se mettant de la partie, il advint que la mer Méditerranée se trouva trop petite pour les Républiques maritimes de l'Italie, et que la terre ne suffit plus aux Républiques de terre ferme.

Ce fut vers la fin du treizième siècle.

Alors, en effet, les marines de Pise et de Gênes, n'ayant plus devant elles, pour occuper leur activité, ni les Sarrasins ni les Maures; n'ayant plus à leur disposition le trafic, désormais éteint, du transport et de l'alimentation des Croisés, et ne trouvant plus à la mer les satisfactions dont l'habitude leur faisait une nécessité, en vinrent à se jalouser et à rêver, chacune à part soi, la suppression l'une de l'autre, pour pouvoir se continuer dans les conditions de large existence auxquelles les circonstances antérieures avaient jusque-là abondamment pourvu, en même temps que Florence et Lucques en étaient arrivées, de leur côté, à aspirer à la mer, par où elles pensaient pouvoir acquérir, à l'exemple de Pise, de Gênes et de Venise, une notoriété et une importance extérieures qui leur faisaient alors complètement défaut.

Ainsi, par le fait de ces compétitions et de ces aspirations respectives, Pise se trouvait menacée dans son existence par Gênes, qui aspirait à la détruire, et, dans son indépendance, par Lucques et Florence, qui, l'une et l'autre, désireuses de s'ouvrir à la mer, tenaient à s'emparer de Pise, dont la position était si bien à leur convenance réciproque.

Ces dispositions intimes de Gênes, de Lucques, de Florence vis-à-vis de Pise, en les mettant en antagonisme mutuel, semblaient devoir les isoler dans leur ambition individuelle, et, en les éloignant ainsi les unes des autres, faire la sécurité de Pise.

Lucques, en effet, — elle en acquit la preuve à ses dépens, — n'était pas de force à lutter corps à corps avec Pise. La position éloignée de Florence et son isolement facile à faire, lui enlevant l'avantage relatif de la supériorité numérique des troupes dont elle pouvait disposer, la condamnaient à une extrême réserve; et quant à Gênes, la marine de Pise lui avait plus d'une fois prouvé qu'il était imprudent de venir se heurter contre elle. Mais la coalition entre Gênes, Lucques et Florence contre Pise, coalition qui, en raison des fins que s'en promet-

tait chacune des parties, paraissait impossible à nouer, se
réalisa cependant.

IX

Suivant qu'ils avaient intérêt à l'une ou à l'autre politique,
les empereurs d'Allemagne ont, alternativement, été les amis
ou les ennemis du Pape.

Mais Rome est éloignée de l'Allemagne; de sorte que la
possession des territoires qui s'interposent entre Rome et les
pays allemands a toujours beaucoup importé aux empereurs
amis ou ennemis de Rome.

Dans ces conditions, ces territoires intermédiaires ont donc
toujours été militairement occupés par les Allemands, ou ne
sont devenus libres que pour servir de champ de bataille
entre les prétendants à la protection ou au protectorat du Pape.

Aussi, de tout temps, les Italiens, et tout particulièrement
les Lombards, ont-ils détesté les empereurs d'Allemagne.

L'empereur d'Allemagne Frédéric Barberousse, qui régna
de 1152 à 1190, s'est donné la satisfaction d'user alternativement envers le Saint-Siége de la politique d'amitié et de la politique d'inimitié. Après s'être, en effet, d'abord uni au pape
Alexandre III, il l'avait délaissé pour s'attacher à l'antipape
Victor III.

Ce jeu de double politique, pratiqué assez sournoisement par
l'empereur d'Allemagne, divisa alors en deux camps les villes
et les princes d'Italie.

Les deux partis étaient désignés, l'un sous la dénomination
de *Guelfe*, l'autre sous la dénomination de *Gibelin*.

Les Guelfes étaient les partisans du Pape, dont ils prétendaient, par toutes leurs démarches, défendre la cause. Les
Gibelins étaient les partisans des empereurs d'Allemagne, dont
ils prétendaient servir et soutenir les intérêts en Italie.

Milan, qui avait eu tant à se plaindre des empereurs d'Allemagne dans la personne de Frédéric Barberousse, était guelfe quand

même. Elle s'était mise à la tête de l'association des villes d'Italie contre l'empereur d'Allemagne et s'était faite l'âme de la « Ligue lombarde. »

Gênes, à qui Frédéric Barberousse avait tenté d'imposer un roi, peu flattée de cette précaution, était également guelfe.

Quant à Lucques et à Florence, qui allaient assez volontiers où les portaient leurs intérêts, leurs intentions respectives sur Pise les avaient faites guelfes contre elle.

Pise, en effet, qui à une époque avait été la préférée des Papes, s'étant trouvée, par circonstance, entraînée un instant dans l'alliance de Frédéric Barberousse, fut regardée comme essentiellement gibeline, et, malgré sa conduite toujours pleine de convenance à l'égard du Saint-Siège, traitée comme telle par le parti de la Ligue lombarde.

C'est ainsi que Lucques et Florence, guelfes avant tout, pour s'assurer de puissantes alliances contre Pise, dont elles ambitionnaient l'une et l'autre la possession, s'engagèrent activement, en compagnie de Gênes, qui rêvait la destruction de Pise, dans une lutte où, les intérêts rivaux de tous les coalisés se neutralisant mutuellement, le bénéfice à retirer de la victoire ne pouvait être que le prix de la plus savante duplicité.

Ce prix est revenu à Florence, nous verrons dans quelles conditions.

X

Une fois commencée, la lutte contre Pise se continua jusqu'au jour où il lui fallut se rendre.

Cette lutte a été marquée, pour tous les intervenants, d'alternatives de succès et de revers; et, pendant les deux siècles qu'elle dura, sans autres intermittences que les trêves commandées par l'épuisement réciproque des belligérants, Pise, par des retours bizarres de politique, a pu compter la France et les Milanais, tour à tour, parmi ses amis et ses ennemis.

Cette malheureuse ville a, du reste, fait preuve, dans cette lutte acharnée, d'un tempérament héroïque digne des plus belles époques de la Grèce et de Rome : et tout particulièrement le siége qu'elle soutint en 1499 contre les Florentins, jette sur l'existence de ses dernières années un lustre impérissable.

Alors, il n'était plus guère question de Guelfes ni de Gibelins ; la lutte était entre Pise et Florence : Pise, qui entendait conserver son indépendance ; Florence, qui voulait conquérir Pise.

Les Pisans, bien légitimement surexcités, avaient juré de mourir plutôt que de se rendre aux Florentins.

La rage des assaillants n'était pas d'ailleurs inférieure à l'héroïsme des Pisans. De part et d'autre, on se battait avec un acharnement qui tenait du délire : et depuis tantôt cinq ans que les hostilités étaient reprises, les Pisans avaient si bien su utiliser leur petit nombre, que jusqu'alors les Florentins n'avaient fait aucun progrès.

Un jour, pourtant, le courage des Pisans fut trahi, et les Florentins, victorieux, parurent sous les murs de Pise. C'était en juillet 1499.

Le moment était suprême. L'élan, à Pise, fut sublime.

Sans distinction de rang, les dames de Pise coururent aux murs de la ville. Les unes, auprès de leurs maris, parurent en armes et combattirent les Florentins ; les autres, dans les fossés de la ville, travaillèrent à la réparation des fortifications.

Trois mois durant, elles restèrent ainsi exposées aux coups de l'ennemi, qui, las de tant de constance, et vaincu par le dévouement de tous, leva enfin le siége (14 septembre 1499).

Plutarque n'a-t-il pas raison d'égaler les femmes aux hommes à condition de bonne éducation? Deux siècles de lutte avaient fait celle des dames de Pise, et, quand l'occasion s'en offrit, elles montrèrent ce dont elles étaient capables.

Les Florentins se présentèrent encore devant Pise en 1504 et en 1505, et chaque fois ils durent céder à l'héroïsme des Pisans. Ce ne fut que le 4 juin 1509 que Pise, vaincue par les horreurs de la famine et par la peste, put être enfin dominée par les Florentins.

XI

J'arrivais à Pise avec toute cette épopée dans la tête. Il y avait, dans mon imagination, du bruit et de l'agitation aux abords de cette ville célèbre ; il y avait surtout, dans son voisinage le plus immédiat, tout un ensemble de travaux de défense dont je me promettais de reconnaître et d'interroger les contours capricieux. Pour moi, la terre en était sainte à de meilleurs titres que celle du *Campo Santo* [1], et je comptais bien, en cueillant quelques-unes des fleurs sauvages que cette terre devait produire, récolter ainsi à domicile un souvenir attendrissant de l'héroïque dévouement des dames de Pise.

Mais l'imagination est la mère des rêves ; rien de tout ce qu'elle me montrait tout à l'heure n'existe à Pise. Dès le jour de leur triomphe définitif, ses vainqueurs impitoyables se sont chargés de ménager aux visiteurs de l'avenir leurs élans d'admiration et d'attendrissement.

Pise est absolument nue des témoignages historiques de sa valeur passée ; tout ce qui pouvait la rappeler au souvenir de ce qu'elle fut a été effacé avec un soin jaloux.

---

(1) Le *Campo Santo* de Pise est un cimetière spécial que les Pisans avaient consacré à leurs grands hommes. C'est un vaste parallélogramme entouré de murs qui n'ont, à l'extérieur, rien de remarquable. A l'intérieur, il est enclos de portiques dont les arcades à plein cintre, ouvertes sur la cour, enserrent chacune des ogives géminées.

Les murs de fond sont recouverts de peintures à fresques, dont les sujets sont tirés de l'histoire de l'Ancien Testament.

L'espace compris dans l'encadrement des portiques rectangulaires est divisé en deux cours séparées par une allée médiane.

Les Pisans ont déposé dans ces deux cours des terres apportées de la Palestine.

Le fait du transport de ces terres de la Palestine à Pise, fait auquel s'attache aujourd'hui une intention pieuse, ne me paraît être, en réalité, que l'œuvre de la nécessité. A l'époque des Croisades, la Palestine ne produisait que des cadavres, et point de fret de retour. Les terres du *Campo Santo* sont du lest dont on l'a gratifié, par circonstance, *ad majorem Dei gloriam*, comme se font, du reste, la plupart des choses saintes.

La ville maritime n'existe plus. Les Génois ont comblé le port où débarqua, avec son jeune fils, il y a plus de deux mille ans, le père de Scipion l'Africain, et les Florentins ont rasé les fortifications qui, défendues par les dames de Pise, les tinrent quinze ans en échec devant la ville assiégée.

XII

Comme un cimetière, Pise est aujourd'hui encadrée entre quatre murs, qui, hauts, plats et nus, courent, chacun sur un plan à peu près rectiligne, à la rencontre l'un de l'autre.

Ses rues sont larges et silencieuses ; ses quais, où ne sont plus attachés que de légers et rares bateaux, sont longs et déserts ; et, relégués vers les portes du *Campo Santo*, à l'angle nord-ouest des confins de la ville, son baptistère lourd et sa cathédrale aux murs extérieurs de marbre blanc et noir semblent, avec sa tour mélancoliquement penchée, veiller sur les morts plutôt que s'intéresser aux vivants.

Pise est par excellence, en Italie, la ville des sciences et des études sérieuses.

Le monde lui doit Galilée, dont chacun sait la querelle avec la Sainte Inquisition.

Galilée méritait bien, du reste, les sévérités dont il a été l'objet.

L'Église, qui ne se trompe jamais, en faisant de la Terre le centre de l'Univers, se plaisait ainsi à donner à ses enseignements une portée privilégiée de rayonnement universel.

Le génie de Galilée, en réduisant, au nom de la science et de la vérité, le rôle de la terre dans les champs de l'espace au rôle infime et subordonné que peut remplir ici-bas, par rapport aux grandes cités du globe, une ferme de dixième ordre a singulièrement déprécié et amoindri les enseignements de l'Église.

Le mécompte qu'il a ainsi infligé aux prétentions de Rome valait donc bien que Galilée fût sévèrement puni.

Aussi, l'homme de la vérité, jeté en prison, y a été affublé des oreilles d'âne de tout le sacré collège.

Cela, toutefois, n'a pas empêché la terre de tourner.

V

LIVOURNE

I

La chute de Pise et la destruction de son port n'ont en réalité profité ni à Milan, que sa position géographique désintéressait dans cette question, et qui d'ailleurs depuis longtemps n'avait plus à se venger du Barberousse d'Allemagne ; ni à Sienne, tardivement intervenue dans la lutte ; ni à Lucques, qui, par la destruction du port de Pise, se vit frustrée de l'objet exclusif de son ambition ; ni même à Gênes, qui semblait être pourtant le plus directement intéressée à la ruine de sa rivale.

Malgré les apparences contraires, tout le bénéfice de la destruction du port de Pise est revenu en propre à Florence ; et la guerre qu'elle a soutenue ouvertement contre Pise, au nom et pour les intérêts prétendûment sacrés de la papauté, a abouti, en définitive, au triomphe de sa politique intime, qui lui commandait d'avoir un port sur la Méditerranée, et a porté, au contraire, à l'autorité jalouse de Rome, le coup le plus rude qui jusqu'alors lui eût été porté en Italie.

II

A un point de la côte italienne voisin de l'embouchure de l'Arno, et à sa gauche, existait dans l'antiquité une petite anse dont les eaux profondes n'étaient alors protégées contre l'action des lames du large que par une ligne de brisants sur lesquels, aux jours de tempête, venait expirer la fureur de la mer.

Cette anse avait été utilisée dans l'antiquité comme port de pêche et de refuge par les hommes de mer de ces parages. Nommée d'abord *Portus Herculis Labronis* (¹), elle reçut plus tard, en raison sans doute du genre de barques dont usaient par préférence les marins de cette station, la dénomination de *Portus Herculis Liburni* ou *Portus Liburnus* (²), d'où lui est venu, dans les temps modernes, le nom de « Livourne ».

III

Livourne, qui pour Florence a ressuscité Pise, est, par le fait, comme l'épilogue du drame politique où Pise est l'héroïque victime.

Livourne est, en effet, l'expression vivante des désirs réalisés de Florence, et, en même temps, la constatation de la déception que Gênes et Lucques ont éprouvée, chacune de son côté, après la victoire de la coalition dont elles firent partie, quand elles virent que l'adroite politique de Florence changeait en défaite leur triomphe apparent.

(¹) Que peut signifier ce surnom donné ici à Hercule? Trois étymologies possibles se présentent; et, dans leur signification, qui peut nous paraître étrange, elles n'ont cependant rien de plus extraordinaire que les appellations locales, ou de circonstance, dont sont affublés les madones et les saints de la catholicité.

Il y a : 1° Le mot grec λάϐρος, qui signifie « avide, vorace ». L'exigence des prêtres d'Hercule, qui avait un temple dans le voisinage du port, a pu lui valoir ce surnom;

2° Le mot latin *labrum*, qui signifie « lèvre ». La bouche de la statue d'Hercule était peut-être accentuée de grosses lèvres (?).

3° Le mot latin *labrus* désigne un poisson qui avait le don d'une grande souplesse dans le jeu de sa queue, si on en juge par la signification des mots à l'aide desquels Pline le dépeint : « *Placentem cauda labrum.* » La statue d'Hercule, dans le temple voisin du port, se terminait-elle à la façon du corps de ce poisson? Je préfère la première de ces trois leçons.

(²) Les « liburnes », dans la marine des anciens, étaient des barques fort légères, très-bien taillées pour la course, et cependant capables de bien tenir la mer; elles avaient reçu ce nom des Liburnes, ancien peuple de l'Illyrie, qui vivaient surtout des bénéfices de la course à la mer.

Dès longtemps, en effet, Florence avait compris que le port de Pise, dont la destruction importait à Gênes, ne pourrait, au terme de la lutte engagée, lui revenir, puisque, n'ayant pas de marine pour s'opposer à la réalisation des projets de Gênes, Gênes ne manquerait pas de se donner toute satisfaction aussitôt qu'elle le pourrait. Dans cette conjoncture, elle s'était préparée à recueillir, le moment venu, les épaves qui surnageraient du naufrage de Pise.

Elle avait acquis dans cette intention, en 1431, des Génois eux-mêmes, l'ancien établissement romain de *Portus Liburnus*, et s'était appliquée, à petit bruit, à l'approprier à ses convenances. Aussi, quand, en 1509, Pise succomba définitivement, Livourne se trouva prête à recueillir, au préjudice de Gênes et au détriment de Lucques, absolument déshéritée de ses espérances, la succession à peu près complète de l'ancienne rivale de Gênes.

Le succès de Livourne fut immense dès l'abord. Pour lui assurer cette prospérité, pour ainsi dire instantanée, Florence avait, il est vrai, mis en œuvre une politique d'enfer. Elle avait fait, il y a tantôt quatre cents ans, du libre échange et de la libre pensée !

Livourne, déclarée port franc, avait été, sous la responsabilité de Florence la Guelfe, c'est à dire la Papale, ouverte à l'exercice le plus large et le plus complet de la liberté de conscience, et, en dépit des prédictions sinistres de Rome, elle a fait fortune avec et par les mécréants.

IV

A l'époque où intervint la création du port de Livourne, par les soins de la Toscane, une partie du commerce des Indes avec l'Europe se faisait encore par Alexandrie d'Égypte et par les ports de l'Asie-Mineure.

Les Juifs et les Arméniens étaient surtout, dans les ports de transit, les plus actifs intermédiaires du commerce d'échange entre les points les plus opposés de l'ancien monde.

Dans ces conditions, tout ce qui pouvait servir les intérêts

mercantiles du Juif et de l'Arménien, et favoriser leur esprit
d'entreprise, devait avoir toute chance de succès.

Leur ouvrir en Europe, à leur portée, sur la Méditerranée, un
marché de facile abord, où ils pussent, sans crainte d'être
inquiétés, porter, avec leur foi, leur industrie et leur commerce,
c'était faire acte d'une politique habile, mais aussi d'une hardiesse jusque-là inconnue.

Vis-à-vis de Gênes, c'était un coup de maître ; vis-à-vis de
Rome, c'était un coup de tête.

Sans préoccupation de Gênes et sans crainte des foudres de
Rome, Florence a tenté ce coup et a eu la gloire de réussir.

L'Italie doit à cette politique de progrès, qui en Angleterre,
en Allemagne et en France a été la véritable religion des gou-
vernements intelligents, le port de commerce le plus actif
qu'elle ait encore aujourd'hui.

V

Livourne a une population, nécessairement fort bigarrée, d'Italiens, de Juifs, d'Arméniens et de Musulmans ; on y trouve des
temples ouverts à toutes les croyances. La synagogue de
Livourne passe pour être une des plus riches et des plus belles
qu'il y ait.

Livourne est une ville toute neuve ; ses rues, tracées avec
l'équerre et le cordeau, ont cette uniformité triste qui fait les
villes régulières, mais sans originalité.

Les ducs de Toscane se sont dressé des statues à Livourne ;
mais, ce qui est mieux de leur part et ce qui les a rendus dignes
de se perpétuer ainsi aux yeux et aux souvenirs des populations, c'est le soin qu'ils ont pris de creuser des ports supplémentaires à Livourne, d'approfondir et de défendre les anciens
contre l'action de la mer et des hommes. Enfin, par une création récente, ils ont amené de loin, par des canaux et à grands
frais, toute une rivière d'eau douce à Livourne, qui n'en avait
pas une goutte en dehors de celle qu'elle allait à grand'peine
chercher jusqu'à Pise par des bateaux.

VI

CIVITA-VECCHIA

I

Les Romains ne se sont appliqués que fort tard aux travaux de la marine, et il semble, de prime abord, qu'ils n'aient cru que malgré eux à l'importance décisive qu'ils devaient prendre dans le monde à l'aide de leurs flottes.

Il est vrai que, isolés de la mer, établis dans un milieu étroit, à une époque de grossière civilisation où la raison du plus fort, cette loi brutale des peuples barbares, était la règle absolue des relations internationales, ils durent pendant plus d'un siècle guerroyer autour d'eux, sur des motifs plus ou moins honnêtes, pour assurer contre leurs voisins, justement inquiets, la liberté de leurs allures et l'indépendance de leur État naissant.

Ce ne fut, en effet, qu'après cent vingt-six ans de cette existence laborieuse à laquelle Rome dut se condamner pour se défendre ou conquérir, que Ancus Marcius, son quatrième roi, ouvrit aux Romains un accès direct à la mer en fondant, à l'embouchure du Tibre, la ville et le port d'Ostie (*ostia*, embouchures).

II

En ce temps-là, six cent vingt-sept ans avant l'ère vulgaire, Josias, par la mort de Manassé et l'assassinat d'Amon, était devenu roi de Juda; et, disent les saintes chroniques, il se rendit agréable à Dieu, qui, pour lui témoigner sa satisfaction, fit alliance avec lui [1].

Cependant, tandis que, sous le règne de ce prince, comme sous les règnes des rois ses prédécesseurs et ses successeurs

[1] *Les Rois*, liv. IV, chap. XXIII, et *Paral.*, liv. II, chap. XXXIV, v. 29.

immédiats, le Peuple de Dieu, tour à tour pécheur et repentant, allait, malgré la haute protection dont il était couvert, s'amoindrissant chaque jour davantage dans ses cantonnements privilégiés de la Terre promise, ses voisins limitrophes, les Phéniciens, exempts de superstition locale, l'esprit ouvert à l'indépendance du sentiment (¹) et aux aspirations de l'activité spéculative, se produisaient partout dans le monde alors connu et à leur portée, et, entre autres villes, ils avaient fondé Carthage.

Hardis et actifs comme leurs pères, les Carthaginois s'étaient mis à l'œuvre, et, sans attendre la chute de la manne céleste et le passage des cailles (²), ils avaient su réaliser ou réalisaient les travaux de conquête et de colonisation qui ont consacré leur mémoire glorieuse.

Ainsi, longtemps avant la fondation de Rome, ils s'étaient établis dans la Sicile, et, à une époque qui correspond à peu près à la naissance de la future capitale du monde, ils s'étaient emparés des îles Baléares (³), et dominaient par là tout le sud-est de la péninsule ibérique.

Justement à l'époque où nous nous plaçons, vers la fin du sixième siècle avant l'ère vulgaire, les Carthaginois, accomplissant cette expédition maritime dont le souvenir s'est honorablement conservé sous la dénomination de « Périple d'Hannon », portaient leurs mœurs et leurs colonies florissantes jusque sur les côtes occidentales de l'Afrique.

Environ un demi-siècle plus tard, prenant sur les Phocéens, qui venaient de fonder Marseille, une revanche de la défaite

(¹) Il est juste de faire remarquer que cette indépendance de sentiments n'était pas précisément conforme aux principes du droit des gens, et Thucydide (liv. I, chap. VIII) la traite sans façon de brigandage; mais c'était, comme partout alors, la loi du plus fort.

(²) *Exode*, chap. XVI.

(³) La fondation de Rome remonte à 753 ans avant l'ère vulgaire, et c'est en 723 que Carthage établit une colonie dans celle des îles Baléares qui s'est nommée dans l'antiquité *Ebusus*, et qui est aujourd'hui Iviça.

que ceux-ci leur avaient infligée quelques années auparavant, ils les délogeaient de l'île de Cyrnos (la Corse), et complétaient ainsi sur la Méditerranée une série d'acquisitions et de conquêtes qui, pour quelque temps, les en rendit maîtres il y a vingt-cinq siècles.

III

Le gouvernement de Rome parut d'abord ne s'occuper en rien des entreprises toujours plus ambitieuses des Carthaginois, et, malgré tout ce que pouvaient avoir de provoquant leurs succès, chaque jour plus profitables et mieux assurés, l'issue que Ancus Marcius avait ouverte aux Romains sur la mer en creusant le port d'Ostie, ne fit longtemps des plus hardis que des légions de pirates qui trouvaient tout naturel de vivre en écumant la mer, comme leurs ancêtres avaient vécu en rançonnant ou en supprimant les voisins qui les gênaient, et même, à l'occasion, les amis dont ils avaient éprouvé les bons offices.

L'œuvre de sa puissance, que Rome consacrait alors par les travaux de la guerre sur les terres de la péninsule italique, absorbait toute son attention et la détournait de l'œuvre de leur puissance, que les Carthaginois consacraient de leur côté par leurs travaux à la mer. Aussi, l'on peut dire que c'est aux soins exclusifs que Rome donna d'abord à la consolidation de sa prépondérance territoriale qu'il faut attribuer le laisser aller dont elle fit preuve envers les Carthaginois avant les complications qui firent éclore la première guerre punique.

Jusqu'au jour où il leur fallut enfin passer en Sicile pour combattre les Carthaginois, les Romains ne se sont, en effet, que fort peu préoccupés des avantages à retirer de la pratique de la mer.

Quoi qu'il en soit, l'an 407 de la fondation de Rome (¹),

(¹) Cette date est également celle de la naissance d'Alexandre le Grand et le l'incendie du temple d'Éphèse.

346 ans avant l'ère vulgaire, sous le consulat de M. Valerius Corvus et M. Popilius Lenas, les Romains faisaient avec les Carthaginois un traité d'alliance et d'amitié, et dix ans plus tard, — près de trois siècles cependant après la création du port d'Ostie, — l'an 418 de Rome. soixante-dix ans seulement avant la première guerre punique, le gouvernement de la République romaine avait l'esprit si peu tourné, en apparence du moins, vers les choses de la mer, que, lorsque le consul C. Mœnius se fut emparé du port d'Antium, le Sénat, au lieu de réserver pour le service de la République les vingt-deux navires de combat dont se composait la flotte des Antiates, n'en fit remonter que quelques-uns à Rome, incendia ou démolit les autres, et des éperons *(rostra)*, dont ils furent dépouillés, on orna à Rome la tribune aux harangues, qui tient de cette circonstance le nom de « Rostres », qui lui est resté.

Ce rôle de comparse, si complaisamment joué par Rome vis-à-vis des Carthaginois, se poursuivit de sa part de la façon la plus calme et la plus régulière jusqu'à la veille de sa rupture avec Carthage. C'est ainsi que l'an 474 de Rome, quatorze ans seulement avant la première guerre punique, sous le consulat de C. Fabricius Luscinus et Q. Æmilius Pappus, l'an 279 avant l'ère vulgaire, Rome renouvela avec Carthage son traité d'alliance et d'amitié.

Mais, enfin, cette longanimité par la dissimulation devait avoir un terme, et elle prit fin du jour où, débarrassée des ennemis que lui créait sur le continent son ambition sans cesse surexcitée, Rome sentit sa puissance se heurter directement aux armes carthaginoises, à sa gauche dans la Sicile, à sa droite en Espagne et dans la Corse.

Devant ce double obstacle, mis par les Carthaginois à l'expansion de son œuvre de conquête et d'absorption, Rome sortit de sa réserve vis-à-vis de Carthage, et, pour appuyer sa nouvelle attitude, elle résolut de se donner une marine capable d'élargir à son gré le cercle de son action et de porter au besoin ses armes jusque chez sa rivale.

Mais, pour atteindre sûrement ce but, il fallait aux Romains des chantiers de construction, où, sans préoccupation des audaces carthaginoises, ils pussent créer à l'aise leur matériel naval, et aussi un port sûr où ils réuniraient ce matériel et le tiendraient constamment et sans confusion à leur disposition.

IV

Les circonstances locales purent en cela servir admirablement les projets des Romains.

Les eaux du Tibre, alors suffisamment profondes ([1]), leur permirent d'établir à Rome même, loin des regards inquiets de leurs ennemis, les chantiers nécessaires à leurs constructions navales, et le port d'Ostie, convenablement aménagé et mis en état de défense, put recevoir et abriter les flottes les plus nombreuses. Les ports de relâche et de ravitaillement ne manquaient pas d'ailleurs aux flottes romaines sur le double littoral de la péninsule italique.

D'autres chantiers de construction et d'autres ports (*Castrum Novum*, par exemple) furent sans doute créés pour le bien du service de la marine romaine; mais le port d'Ostie et les chantiers de Rome étaient toujours pour la grande République les instruments les plus immédiats et les plus sûrs, ceux dont elle pouvait le plus commodément disposer, et ils furent, en effet, toujours ceux dont elle usa le plus ([2]).

([1]) Les eaux du Tibre, pour remonter jusqu'à Rome, étaient alors assez profondes pour y porter les plus forts navires du temps.

L'an 586 de Rome, 168 ans avant l'ère vulgaire, Paul-Émile, — fils du Paul-Émile tué à la bataille de Cannes, — vainqueur de Persée à Pydna, revint triomphant à Rome, en remontant le Tibre sur le plus grand des vaisseaux de la flotte ennemie.

Ce navire était une *décacrère*, c'est à dire une galère portant, outre les combattants, dix files de rameurs de chaque côté.

([2]) Les chantiers de construction se nommaient *navalia*. Ils faisaient partie, avec l'île du Tibre, le mont Janicule et le mont Vatican, de la quatorzième région de Rome (division d'Auguste), et ils étaient situés en dehors de

Pour servir les projets de Rome, et les bien servir, tout
auprès d'elle était, au début, pour le mieux. Malheureusement,
dans sa course, d'abord très-accélérée, le Tibre voiture avec ses
eaux un limon blanc qu'il dépose vers son embouchure, à mesure que son cours se ralentit. Cette circonstance, en amoindrissant chaque jour, dans une proportion presque impercepti-
ble, les avantages locaux qui avaient déterminé la création du
port d'Ostie et permis d'installer des chantiers de construction
à Rome même, fit petit à petit disparaître ces mêmes avantages à peu près complétement, et le port d'Ostie, qui, un peu
avant Auguste, se trouvait être encore dans des conditions
d'abords et d'aménagements telles, qu'il était possible d'y faire
entrer et d'y loger des navires de grande dimension (¹), était, à
quelques années de là, devenu presque impraticable par suite
des atterrissements toujours plus considérables du Tibre.

Au temps de Strabon, les barques n'y pénétraient plus que
difficilement, et Ostie, aujourd'hui à une grande distance de la
mer, ne répondait plus aux exigences de la politique de Rome.

V

Mais la mer, ce grand chemin qui rayonne dans toutes les
directions, ne pouvait rester fermée à la capitale du monde, ou
s'en trouver trop éloignée, sans qu'il en résultât pour elle un
dommage considérable.

A Rome souveraine, qui voulait ou devait vouloir que ses
instructions fussent promptement exécutées et ses ordres expé-

l'enceinte de Servius Tullus, sur la rive gauche du Tibre, vis-à-vis le Janicule.

(¹) Le phare qui, dans les derniers temps de son existence comme port
de mer, fut construit à Ostie était comme un petit modèle de celui d'Alexandrie. Il avait été élevé sur la carcasse d'un grand navire qui avait servi à
transporter des obélisques d'Égypte à Rome.

Au temps de sa prospérité, Ostie fut non-seulement un grand port de
mer, mais aussi une ville de plaisance où les heureux de Rome allaient
s'ébattre et se baigner.

diés sans retard vers tous les points du bassin de la Méditerranée soumis à sa domination, il fallait un port sûr et commode, ouvert et couvert contre tous les temps, un port pour ainsi dire sous sa main, d'où pussent partir à son gré ses navires-estafettes (*actuariæ*) et ses flottes.

L'expérience faite par Rome d'un port à l'embouchure d'une rivière, alors que la science était encore impuissante, soit à en prévenir, soit à en détruire les atterrissements compromettants, ne l'engagea pas à reprendre ou à reporter un peu plus bas, sur la nouvelle embouchure du Tibre, l'œuvre d'Ancus Marcius, et, — à l'exemple de Carthage, de Syracuse, de Lilybée (Marsala), d'Alexandrie, de Gênes et de Marseille, — Rome tint à se donner un port directement ouvert sur la mer et en même temps le plus possible à sa portée.

Pour remplir cet office, les ingénieurs romains (¹) désignèrent la Baie, qui est aujourd'hui le port de Civita-Vecchia, et l'empereur Trajan, qui, chaque année, venait en villégiature dans la délicieuse résidence qu'il s'était fait construire sur les collines voisines, ayant donné sa sanction au choix et aux plans de ses ingénieurs, il fut procédé par eux, pour ainsi dire sous ses yeux, aux travaux d'installation du nouveau port de Rome (².

VI

Le nom de « Civita-Vecchia » que porte aujourd'hui le port de Rome, signifie « vieille ville ». Mais cette appellation, en réalité peu conforme au fait, n'a, comme étymologie, qu'une

---

(¹) *Curatores operum publicorum*, les préposés aux travaux publics. Ils étaient divisés par spécialités. Ainsi, on distinguait les *Curatores alvei Tiberis* (qui n'ont point empêché le lit du Tibre de s'obstruer), *Curatores Viarum*, *aquarum*, *cloacarum*, etc. Ce corps des ingénieurs est une institution d'Auguste. (SUÉTONE, lib. II, cap. XXXVII.)

(²) Trajan régna de l'an 851 de Rome à l'an 870, soit de l'an 98 de l'ère vulgaire à l'an 117. A quelques années près, ces dates précisent l'époque de la création du port de Civita-Vecchia.

valeur historique relative et purement accidentelle, ainsi que nous aurons occasion de nous en apercevoir.

A sa création, Civita-Vecchia s'est appelée *Portus Trajanus,* du nom de son fondateur, et aussi *Centum Celle* (Cent-Loges) [1], nom composé dont la signification indique le mode et l'importance des travaux d'aménagements du port de Rome.

A l'état primitif, c'était une rade foraine, abritée seulement des vents de la région du nord à l'est, dans une anse échancrant le rivage en croissant, et s'offrant toute béante aux vents qui soufflent de la région comprise entre l'ouest et le sud-est.

Par les travaux qu'ils y ont exécutés, les ingénieurs de Trajan ont complété la protection de cette rade et assuré, contre les entreprises extérieures de l'ennemi, la sécurité des navires confiés à ses eaux.

L'ensemble des travaux du port de *Centum Celle* révèle une conception hardie et tout à fait originale, et la réalisation de ces travaux est en elle-même une œuvre d'audace et de puissance en même temps qu'un tour de force de la science au temps de Trajan.

Le port de Civita-Vecchia est, en effet, dans toutes ses parties, l'œuvre du génie des hommes. L'art y a tout fait, excepté l'espace ; et si l'on considère que, tard venus à la mer, à la suite des populations maritimes de l'Étrurie et de la grande Grèce, les Romains ont nécessairement dû trouver tout faits et tout installés les ports dont ils eurent besoin quand pour eux l'heure eut sonné de poursuivre tout à la fois par mer et par terre leur œuvre de la conquête du monde, on sera amené à reconnaître que le port de Civita-Vecchia est, pour la plus grande somme des travaux qui le constituent, un des rares spécimens, sinon le seul, que nous aient légués les Romains de leur habileté pour ces créations toutes spéciales.

Jusqu'au moment où les circonstances les ont obligés, après l'effacement du port d'Ostie, à se pourvoir d'un centre mari-

[1] Par contraction, on a dit aussi *Cencelle.*

time assez à leur portée pour le remplacer avantageusement, ils n'avaient eu, en effet, qu'à amender, en les agrandissant ou en les approfondissant, les ports dont ils avaient hérité des Étrusques et des Grecs.

Bien que Pline l'Ancien ne mentionne en rien ce point géographique qui, peu d'années après sa mort [1], devait devenir *Centum Cellæ*, il est certain cependant qu'il était connu et fréquenté déjà depuis longtemps par la société aristocratique de Rome, et pour son agrément, quand les ingénieurs romains s'en emparèrent pour le convertir en port: et ils ne l'auraient peut-être jamais dépisté s'ils n'eussent été mis sur sa voie par un de ces travers humains dont on ne cesse de dire du mal, malgré tout le bien dont ils provoquent la réalisation.

VII

Le luxe, cette manifestation chatoyante, mais toujours un peu exagérée de la prospérité économique des intérêts généraux des populations, n'a pas été moins grand ni moins ambitieusement pratiqué à Rome par toutes les classes de la société, même aux époques antérieures à l'établissement de l'empire, qu'il ne l'est de nos jours par les populations urbaines et rurales de la France et du monde civilisé.

Entre autres nécessités inventées dès longtemps à Rome par le démon du luxe, on comptait, dans chaque famille aisée ou s'appliquant à le paraître, l'usage d'une maison de campagne aussi somptueuse que possible.

Selon leur goût particulier ou les moyens dont elles disposaient, les familles romaines avaient leurs habitations de plaisance ou dans la banlieue de Rome ou sur le bord de la mer. Les unes, comme Cicéron et Horace, donnaient leurs préférences aux sites pittoresques des collines de Tibur (Tivoli); les autres, comme Scipion l'Africain et Pompée, préféraient la mer et ses horizons sans limites.

----

[1] Pline l'Ancien est mort aux pieds du Vésuve, l'an 79 de l'ère vulgaire.

Vers l'an 800 de sa fondation, l'an 46 de l'ère vulgaire, un demi-siècle avant l'intronisation de Trajan, sous l'empereur Claude, Rome comptait sa population par le chiffre de 1,700,000 habitants ([1]); aussi, depuis longtemps déjà, sa banlieue, comme celle de Paris aujourd'hui, était-elle couverte de riches maisons de campagne, tandis que celles des côtes de la Méditerranée qui l'avoisinent le plus avaient vu se multiplier presque à l'infini, et à de faibles distances les uns des autres, les centres d'habitations de plaisance des familles romaines amoureuses du spectacle de la mer.

Abritée des vents du nord, ouverte, au contraire, aux chaudes haleines des vents du midi, la petite anse où est maintenant assise Civita-Vecchia était dès longtemps un de ces centres sans nom, mais courus et recherchés, quand l'empereur Trajan, séduit par le charme du paysage et le spectacle de la mer, résolut d'y faire sa résidence d'été.

Pline le Jeune, que l'empereur Trajan a honoré de son amitié et pour le caractère de qui il avait la plus grande déférence, a joui à *Centum Cellæ* de l'hospitalité impériale.

La lettre que Pline a écrite à son ami Cornelianus ([2]), pour lui rendre compte de cette circonstance, est tout à la fois la constatation que l'édification de la *villa* impériale à *Centum Cellæ* a précédé la construction du port, le journal de l'emploi du temps à la cour de Trajan, et un rapport sur l'état des travaux du port, alors seulement en cours d'exécution.

A ces titres divers, la lettre de Pline est un document précieux pour l'histoire, et je vais lui emprunter celles des indications qui nous intéressent le plus à propos de Civita-Vecchia.

([1]) C'est, à peu de chose près, le chiffre de la population de Paris (1865).
Sous ce rapport, Rome chrétienne est bien au-dessous de la Rome païenne; elle ne compte guère aujourd'hui que 175,000 habitants.

([2]) Lib. VI, epist. XXXI.

VIII

« Appelé, dit Pline, par notre empereur *(à Cæsare nostro)* à *Centum Cellæ*, pour y prendre place dans son conseil, j'ai goûté dans cette résidence la plus grande somme de satisfaction qu'il soit possible de rêver.

» Peut-il exister, en effet, un spectacle plus beau que la vue d'un prince qui, dans la retraite, emploie toutes ses facultés à rendre la plus exacte justice, à se montrer bienveillant, à faire apprécier les trésors de son amitié, et qui, dans toutes les circonstances de la vie, sait être précisément ce qu'il est juste qu'il soit ? »

Après ce préambule, dont l'histoire, par une exception rare, a pu consacrer en faveur de Trajan la valeur apologétique, Pline indique sommairement les procès qui se sont déroulés à la barre de Trajan ; il parle des distractions intelligentes que l'empereur offrait à ses hôtes, puis il entre dans les détails qui nous intéressent ici tout spécialement.

La villa impériale de *Centum Cellæ*, belle par elle-même, avait de plus tout le charme d'une position heureuse et bien choisie : elle était entourée d'un paysage verdoyant et dominait la mer en amphithéâtre (*Villa pulcherrima cingitur viridissimis agris, imminet littori velut amphitheatrum*).

Quant aux travaux du port, le plus vaste qu'il y eût alors (*quam maximus portus*), au temps où parle Pline, ils étaient en pleine activité et déjà fort avancés.

Tous ceux du côté gauche étaient achevés (*hujus sinistrum brachium firmissimo opere munitum est*). On travaillait à ceux du côté droit (*dextrum elaboratur*).

Du reste, sur tous les points, les travaux marchaient de front ; et tandis que, par les constructions qui s'élevaient à gauche et à droite du port, les ingénieurs en assuraient la défense et en réglaient l'aménagement, ils élevaient l'obstacle qui devait protéger les eaux du port contre les fureurs extérieures de la mer.

Ces travaux de protection étaient d'une nature particulière. A la description minutieuse qu'en donne Pline, on juge qu'ils constituent, par leur ampleur et leur originalité, toute une innovation dans l'art de la construction des ports, et qu'ils ont été les premiers de ce genre qu'aient exécutés les Romains.

Quoique la France, pour assurer la protection de la rade et du port de Cherbourg, ait renouvelé, dans une proportion au moins décuple, les travaux faits par les Romains pour défendre le port de Civita-Vecchia, et que nos ingénieurs nous aient ainsi habitués à ne nous mesurer aux Romains que pour nous donner le droit de constater, avec un légitime orgueil, notre supériorité de savoir, et la hardiesse presque sans limites de nos conceptions; si, cependant, nous reportant à dix-sept siècles en arrière, nous faisons la part des conquêtes de toutes sortes qui ont été faites depuis dans l'art de la construction et dans les sciences, nous devrons encore aux Romains un juste tribut d'admiration pour la réalisation de leurs plans du port de *Centum Cellæ*.

La rade foraine, dont ils surent faire un port également fermé aux tempêtes et aux ennemis extérieurs, s'ouvrait en croissant, ainsi qu'il a été dit, et aucun obstacle naturel ne la défendait contre l'assaut des gros temps de l'ouest au sud-est.

Les ingénieurs romains ont compris la nécessité de fermer cette immense ouverture, et, après avoir imaginé les travaux jugés indispensables pour arriver à ce but, ils ont su les réaliser à l'aide des moyens restreints dont ils disposaient alors.

Les loges marines, destinées à remiser les navires de la flotte romaine en station à *Centum Cellæ*, étant établies à droite et à gauche, sur les branches du croissant que forme le port, se trouvaient directement exposées à l'action tumultueuse des lames poussées par les vents de l'ouest et du sud-est. Il fallut donc, pour remédier à cet inconvénient majeur, créer sur l'axe de l'ouverture du port un obstacle qui, en en laissant l'accès libre à droite et à gauche, fût assez fort et assez ingénieuse-ment placé pour s'opposer à l'action directe des lames du large

contre les loges, soit que ces lames fussent poussées par les
vents d'ouest, soit qu'elles fussent poussées par ceux de sud
ou de sud-est.

L'obstacle imaginé, et qu'il fallut créer, est précisément l'île
sur laquelle s'appuient aujourd'hui les deux jetées à l'aide desquelles le génie moderne a su protéger d'une manière plus
efficace l'intérieur du port, maintenant dépourvu des loges
primitives, devenues trop petites et inutiles.

L'installation de cette île paraît avoir coûté aux ingénieurs
de Trajan beaucoup de peines et de soins.

Cette île, dit Pline, contre laquelle viennent se briser les
efforts de la mer en courroux, doit étonner quiconque l'examine
avec attention (*Assurget autem arte visenda... quæ illatum
vento mare objacens frangat*).

Elle est faite de roches immenses superposées, se conso-
lidant par leur propre poids, et apportées là une à une par un
grand navire construit à cet effet (*Ingentia saxa latissima navis
provehit; contra hæc alia super alia dejecta ipso pondere
manent*).

A l'époque où Pline reçut à *Centum Cellæ* l'hospitalité de
Trajan ([1]), cette île s'élevait à fleur d'eau (*imminet jam et ap-
paret saxeum dorsum*), et les ingénieurs romains se préparaient
à asseoir sur cette base sous-marine, et en surélévation, des
constructions propres à lui donner, par la suite, l'apparence
d'une île naturellement sortie du sein des eaux (*Saxis deinde
pilæ adjiciuntur, quæ, procedenti tempore, enatam insulam
imitentur*).

En terminant son intéressante épître à Cornelianus, Pline lui
fait observer que *Centum Cellæ* devra aussi se nommer *Portus
Trajanus*, du nom de son fondateur (*habebit etiam hic portus
nomen auctoris*), et que la création de ce port est un très-grand
bienfait; car, ajoute-t-il, la côte, sur une immense étendue, est
tout à fait inhospitalière (*Eritque vel maxime salutaris; nam*

([1]) Pline le Jeune est mort l'an 115 de l'ère vulgaire.

per longissimum spatium littus importuosum hoc receptaculo utetur (¹).

Le nom de *Portus Trajanus*, donné à *Centum Cellæ*, n'a pas persisté; mais les avantages dont la prévoyance de Trajan a doté Rome, par la création de ce port, se continuent encore de nos jours, et cette heureuse circonstance vaut mieux, pour l'honneur et la mémoire de Trajan, que le jeu le plus agréablement trouvé d'appellations courtisanesques inventées pour désigner les œuvres de son règne.

Il ne suffit point, en effet, pour recommander leur auteur à la postérité, que les travaux auxquels il attache son nom soient, comme trop souvent de nos jours, seulement des tours de force de dépenses et des chefs-d'œuvre de bonne intention; il faut encore, et surtout, que ces travaux puissent, indépendamment de leur ambitieuse apparence, perpétuer dans l'avenir les avantages en raison desquels ils ont été projetés et exécutés.

L'empereur Claude en s'obstinant, au nom de son omnipotence prétendue, à vouloir un jour, contre l'avis de ses ingénieurs (²), reconstituer le port d'Ostie, a pu, par le fait, accomplir dans ce but des travaux plus considérables que ceux à l'aide desquels Trajan, un demi-siècle plus tard, créa le port de *Centum Cellæ*; mais cependant, dans le souvenir de l'histoire

(¹) L'inhospitalité de cette partie des côtes de la péninsule italique a été, en effet, de tout temps constatée.

En parlant de *Graviscæ*, qui se trouve dans le voisinage de Civita-Vecchia, Virgile a dit :

. . . . *Intempestæ que Graviscæ.*

(VIRGILIUS, *Æneid.*, lib. X, vers 184.)

(²) Lorsque Claude s'informa auprès des ingénieurs romains pour apprendre d'eux quelle pourrait être la somme des dépenses à effectuer pour reconstituer le port d'Ostie, ceux-ci, dans l'espoir de détourner l'empereur de la folle pensée de ce travail, dont ils prévoyaient la somptueuse inutilité, lui répondirent que les dépenses seraient telles qu'il ne consentirait point, sans doute, à les payer. Cette réponse ne modifia point les projets de Claude.

(DION CASSIUS, lib. LX. — SUETONIUS, *in Claudio*, cap. XX.)

et dans la mémoire des populations, le beau rôle n'appartient
pas à l'empereur Claude ([1]).

Le port d'Ostie est effacé, le port de Trajan — *Centum Cellæ*,
Civita-Vecchia — vit encore.

IX

Les commodités offertes à la navigation et au commerce par
l'établissement du port de *Centum Cellæ* y appelèrent promptement une nombreuse population, et groupèrent tout naturellement sur ses abords les intérêts les plus actifs et les plus
divers.

La ville qui s'y forma devint le faubourg maritime de Rome,
et désormais, heur et malheur, tout fut commun à ces deux
villes.

Comme Rome, *Centum Cellæ* a successivement connu les
Visigoths, les Vandales et les Goths, les Hérules et les Ostro-
goths.

Dans les premiers jours de l'année 538, Bélisaire, mettant à
profit le temps d'une trêve conclue avec Vitigès, fit occuper
par ses troupes *Centum Cellæ*, dont son adversaire avait cru
pouvoir impunément retirer ses soldats, et c'est par là que le
général de Justinien reçut de Naples et d'Afrique la plus
grande partie des secours en provisions, en hommes et en chevaux dont l'arrivée lui permit de conserver Rome et de tenir la
campagne contre Vitigès.

([1]) Quoique Néron, pour perpétuer le souvenir de ces travaux, entrepris
surtout au point de vue légitime de l'alimentation de Rome — alors peuplée
de près de deux millions d'habitants — ait fait frapper une médaille grand
module.

Sur l'une des faces de cette médaille est la représentation du port d'Ostie :
à son entrée, figure Neptune; au milieu, se dresse une colonne surmontée
de la statue de Claude.

Sur l'autre face, où se lit : CERES ANNONA AUGUSTI, figurent Cérès assise, et, debout devant elle, l'Abondance.

En 813, les Maures d'Espagne assaillirent en même temps Nice et *Centum Cellæ*, qu'ils saccagèrent. ·

Quinze ans plus tard, les Sarrasins, qui s'avançaient vers Rome, détruisirent à peu près complètement la ville de Trajan.

Ces tristes alternatives, contre le retour desquelles les mains débiles des successeurs de Charlemagne ne paraissaient point devoir garantir les habitants de *Centum Cellæ*, les engagèrent à s'éloigner de cette ville de malheur.

Ils se réfugièrent dans les forêts et sur les montagnes voisines, où ils vécurent assez misérablement.

Vers 846, le pape Léon IV fit bâtir pour eux une ville qu'il plaça à douze milles environ de *Centum Cellæ*.

Il vint bénir cette ville et la nomma *Léopolis*.

Mais en 854, ses habitants, un peu remis de leur épouvante et attirés d'ailleurs par leurs intérêts, retournèrent à la « vieille ville », et c'est de cette désignation qualificative tout accidentelle, passée dans l'usage, que vient le nom de *Civita-Vecchia*, donné depuis à la ville de Trajan.

Quant à Léopolis, il n'en reste plus rien, malgré la bénédiction que lui a donnée Léon IV à sa naissance.

X

Les constructions romaines du port de Civita-Vecchia ont, dans les temps modernes, été modifiées dans leurs parties les plus essentielles.

Les loges marines, pratiquées à gauche et à droite dans les parois du port, n'existent plus, ou bien ne marquent que çà et là, comme un témoignage incomplet et boiteux, et l'île que les Romains avaient élevée sur l'axe de l'ouverture du port, jugée insuffisante dans son état primitif pour protéger assez convenablement lors des gros temps les navires amarrés dans le port, a été prolongée de droite et de gauche, de manière à former une jetée transversale qui couvre complètement le port. ne laissant libre aux abords de la terre que les passes nécessaires à l'entrée et à la sortie des navires.

Pillée, saccagée, détruite à plusieurs reprises par les Goths, les Maures et les Sarrasins, la ville de fondation romaine a elle-même été renouvelée mainte et mainte fois ; de sorte qu'en dépit du nom qu'elle porte aujourd'hui, Civita-Vecchia est en réalité une ville toute moderne.

La forteresse qui, à gauche, commande le port, commencée sous le pape Jules II (1503), a été terminée sous le pontificat de Paul III (1534) ; elle a été construite sur les plans, aujourd'hui bien vieillis, fournis par Michel-Ange.

Quant au port de Civita-Vecchia, il est de nos jours loin de justifier la qualification de : *Quam maximus* (aussi grand que possible), que lui a donnée Pline le Jeune. Il est vrai que les Romains eux-mêmes sont devenus bien petits.

XI

Civita-Vecchia a un bagne dont les cabanons ne chôment point.

Toutes ses églises sont construites dans le goût italien de la renaissance.

VII

DE CIVITA-VECCHIA A ROME

I

La distance qui sépare Civita-Vecchia de Rome se mesure par soixante-quinze kilomètres environ.

A une époque qui maintenant remonte à plus de trois mille ans, ce vaste territoire était occupé par les Étrusques, race d'hommes intelligents et forts, qui en avaient su faire une contrée florissante où les terres étaient fertiles et les centres de population industrieux et bien administrés.

Le littoral avait des villes maritimes comme Pyrgos, dont la marine était dès lors assez puissante et assez nombreuse pour prêter main-forte à Énée et l'aider avec succès dans ses entreprises contre les populations inhospitalières du Latium (¹).

La plaine avait des villes comme Agylla, qu'une civilisation, antérieure de plusieurs siècles au temps dont nous parlons, avait fait assez grande et assez populeuse pour qu'elle pût, à sa volonté, lever chez elle des combattants par milliers (²), et assez fière pour expulser ses gouvernants coupables de maladresse et de cruautés (³).

Bien que la présence des Étrusques sur les terres de ces contrées paraisse remonter haut dans les époques antéhistoriques, il ne semble pas cependant qu'ils en aient été les premiers habitants; mais il est au moins acquis qu'ils en ont été les plus réels instruments de civilisation.

La Constitution politique des Étrusques était une sorte de fédération qui unissait dans les mêmes vues d'intérêt général les douze tribus sorties des Rasènes, — peuplade descendue, croit-on, des montagnes du Tyrol, — dès longtemps maîtres du pays par droit de conquête.

Ces douze tribus formaient autant d'États particuliers ayant chacun une capitale et une administration propre, à la tête de

---

(¹)   *Tercentum adjiciunt (mens omnibus una sequendi)*
       Qui Cærete domo, qui sunt Minionis in arcis,
       Et Pyrgi veteres . . . .

                (VIRGILIUS : *Æneid.*, lib. X, vers 182 à 184.)

(²)   *Ducit Agyllina nequicquam ex urbe seculos*
       Mille viros . . . .

                (VIRGILIUS : *Æneid.*, lib. VII, vers 652 et 653.)

(³)   *Hanc (Agyllam) multos florentem annos rex deinde superbo*
       Imperio et sævis tenuit Mezentius armis.

       . . . .
       At fessi tandem cives, infanda furentem
       Armati circumsistunt, ipsumque, domumque;
       Obtruncant socios, ignem ad fastigia jactant.

                (VIRGILIUS : *Æneid.*, lib. VIII, vers 481 à 491.)

laquelle était un chef à qui les écrivains latins donnent le titre de roi (¹).

La population de chacune de ces tribus était subdivisée en plusieurs classes. Celle des Lucumons était la première; elle fournissait les membres principaux de l'administration.

Aux temps de lutte contre des ennemis communs, le commandement des forces combinées passait aux mains de celui des rois particuliers qui avait été élu à cet effet.

II

Les Étrusques ont longtemps occupé, avec les peuples par eux conquis, tout le pays compris entre les Alpes, l'Adriatique et le Tibre; mais, des douze capitales qu'ils y ont eues, cinq seulement nous sont connues, savoir : Felsina ou Bologne, Atria ou Adria (²), Melpum (³), Mantoue et Vérone.

Les Étrusques se sont efforcés d'étendre leur domination au delà du Tibre et jusque dans la Campanie; mais leurs succès de ce côté n'ont point été décisifs. Et, du reste, tandis qu'ils étaient ainsi contenus au midi de la péninsule italique, ils éprouvèrent, paraît-il, de graves revers dans le nord; car, dès les premières lueurs que l'histoire jette sur ces contrées, nous les voyons cantonnés entre la Méditerranée, le fleuve Macra, les Apennins et le Tibre, où les tinrent désormais renfermés les Ligures et

(¹) Ce titre de « Roi » n'avait pas alors le sens absolu de *souverain* et *maître*, que lui ont donné les modernes. Il signifiait plutôt alors *gouverneur*, comme l'indique son étymologie. *Rex* est fait de *regere* (conduire).

(²) Adria, assise sur une des sept embouchures du Pô qui furent appelées les « Sept Mers » (*Septem Maria*), a donné son nom à la mer Adriatique. (PLINE, lib. III, cap. XVI.)

(³) Cette ville, riche et forte, a été détruite par les Insubres, les Boïes et les Senonais, le jour où Camille prit Véies, ainsi que le rapporte Cornélius Népos. (PLINE, lib. III, cap. XVII.)

Véies a été prise par Camille, l'an de Rome 359, soit l'an 391 avant l'ère vulgaire.

les Gaulois au Nord, et les peuples du Latium et de la Campanie au Midi.

Sur leur territoire, plus circonscrit, les Étrusques sont restés divisés en douze tribus dont les capitales furent : Volaterræ, Arretium, Cortona, Tarquinii, Vetulonii, puis Populonium, Rusellæ, Clusium, Pérusia. Vulsinii, Veii, Cæres, Fæsulæ.

Celles des douze tribus qui ont occupé l'espace compris entre Civita-Vecchia et Rome étaient : au nord de Rome, la tribu des Véiens, qui avait pour capitale Véies la Superbe, et à l'ouest, la tribu des Cærétes, dont la capitale était Cæres, nommée aussi Agylla.

A des titres divers, ces deux tribus sont restées tout particulièrement célèbres dans les annales militaires des deux premiers siècles de la seconde époque de l'histoire de Rome.

Celle des Véiens, par la résistance héroïque qu'elle sut opposer pendant quatre-vingts ans aux efforts opiniâtres de Rome, qui finit pourtant par la vaincre ; celle des Cærétes, par l'hospitalité gracieuse et empressée qu'elle donna aux vieillards, aux femmes, aux enfants et aux vestales que la présence des Gaulois à Rome avait contraints de s'en éloigner.

De Véies, — si grande et si belle qu'après le sac de Rome par les Gaulois les Romains pensèrent s'y transporter avec le siége du gouvernement, — il ne restait plus rien, depuis longtemps déjà, à l'époque de l'intronisation de Trajan ([1]), et on ignorait même alors le lieu où avait autrefois prospéré cette ville célèbre ([2]) ; de Cæres, on ne voit plus aujourd'hui que quelques pierres enchâssées dans les murs d'un misérable village dont le nom : Cervetri (*Cæres vetus*) rappelle celui de la ville étrusque.

([1]) Florus, qui écrivait sous Trajan, s'exprime ainsi sur ce point : *Laborat annalium fides, ut Veios fuisse credamus.* « Il faut l'autorité sévère de l'histoire pour nous faire croire à l'existence antérieure de Véies. » (Lib. I, cap. XII.) Ammien Marcellin (liv. XXIII) parle de Fidénes et de Falisques de la même manière.

([2]) L'emplacement de Véies a été retrouvé. M. Will Gell a publié un tracé des murs de défense qui l'ont entourée.

III

La *via Aurelia*, qui, s'éloignant de Rome par les hauteurs
du Janicule, s'avançait vers la Méditerranée, dont elle desservait
les côtes en remontant vers le Nord, reliait *Centum Cellæ* à
Rome. Cette voie romaine passait par Cæres.

La *via Aurelia* est encore aujourd'hui la route de Rome à
Civita-Vecchia. Le chemin de fer la côtoie dans presque tout
son parcours.

Sur cette voie antique, sans cesse parcourue, aux temps romains, par les chars et les litières du monde de la haute société
de Rome, des villes romaines s'étaient fondées près des villes
étrusques pour partager avec elles le bénéfice de cette position
avantageuse.

C'étaient, entre autres, *Lorium* ([1]), qui fournissait une étape
de repos dans le parcours de Rome à Cæres. *Alsium*, autrefois
port de mer et ville forte *(oppidum)*, dès longtemps disparue,
et, sur les bords de la mer, au nord de la ville étrusque de Pyrgos, *Castrum Novum*, petit port de création romaine, mais de
plusieurs siècles antérieur à la fondation de *Centum Cellæ*.

Quand Rome arma ses contingents maritimes contre les Carthaginois et contre Antiochus le Grand, *Castrum Novum* a pu
fournir en effet, avec les autres villes du littoral, sa part con-
tributive dans la flotte romaine ([2]).

IV

Tous ces centres de population qui furent l'orgueil de la savante et fière Étrurie d'abord, celui de Rome la Grande ensuite,

---

([1]) Antonin le Pieux a été élevé à Lorium. Il s'y fit construire une villa
où il mourut.

(JUL. CAPITOLINUS, *In Antonino pio*.)

([2]) *Ostia, et Fregenæ, et Castrum Novum, et Pyrgi, et Antium, et Terracina, et
Minturnæ, et Sinuessa fuerunt quæ cum prætore de vacatione certaverunt.*

(TITE-LIVE, lib. XXXVI, cap. III).

se sont complètement effacés sous l'effort du temps et des Barbares, et il semble qu'ils ne puissent plus revivre tant est profond et morne le silence qui règne aujourd'hui sur ces contrées.

C'est à peine, en effet, si quelques maigres villages marquent à présent la route de Civita-Vecchia à Rome.

A droite et à gauche, aussi loin que la vue peut s'étendre, la vie ne se manifeste dans la campagne que par les rares apparitions de pâtres alanguis, que par le bêlement nasillard de quelques chèvres, que par le mugissement lointain des buffles inquiets du bruit qu'ils font.

Et cependant la terre est là, forte et plantureuse ; les ajoncs qu'elle produit sont verts, hauts et vigoureux, et les asphodèles, seules fleurs dont elle est maintenant parée, brillent vives et serrées comme les plantes les mieux nourries. Cette terre, pour prouver sa puissance, ne demande que quelques soins intelligents.

Mais depuis plus de mille ans, sur cette terre, jadis terre de prédilection, les bras manquent pour faire fructifier les trésors qu'elle recèle, et les lois et les mœurs qui régissent la contrée sont impuissantes à les y faire venir et à les y fixer.

Sur les bords du Tibre, comme sur les rives du Nil, les splendeurs de l'antiquité se sont éclipsées ; la vie s'est retirée de ces contrées jadis florissantes, et, comme les doctrines trop absolues de l'islamisme, les doctrines trop absolues du catholicisme semblent incapables de l'y ramener.

De Civita-Vecchia à Rome, la campagne est un désert.

VIII

Rome, le 10 Avril 1865.

Madame,

Me voilà à Rome, après avoir successivement visité Gênes, Pise, Livourne et Civita-Vecchia.

J'ai ainsi satisfait au programme de la première partie de mon voyage.

Mais, contrairement aux prédictions sinistres qui ont salué mon départ à Paris, après m'être bravement promené dans Gênes, dans Pise, dans Livourne et dans Civita-Vecchia, je n'ai à regretter ni mes yeux, ni mes oreilles, ni mon nez, et, au moment de vous rendre compte de mes promenades, il se trouve même que je n'ai pas la plus petite aventure de carrefour, pas la moindre attaque de brigands à mettre sous ma plume.

Je suis évidemment trahi ! pour me faire pièce, l'Italie ment à sa réputation.

Je ne me suis cependant pas épargné dans Gênes la scélérate. Après ses rues bordées de palais, j'ai hanté ses quartiers les moins aristocratiquement habités, et fouillé, comme par défi, ceux qui sont le plus mal famés. Et pourtant les Italiens m'ont laissé passer sans me saluer de l'escopette ou du couteau.

En vérité, ce dédain qu'ils font du promeneur est, de la part des Italiens, un procédé qui déshonore leur belle patrie.

Quand on jouit d'une réputation bien établie, comme l'est celle du brigandage italien, il faut savoir maintenir cette réputation et avoir l'amour-propre de la soutenir envers et contre tous. La dignité d'un pays est à ce prix, et négliger de la faire fleurir, s'est se jeter volontairement dans le sixième dessous du théâtre du monde.

L'Italie en serait-elle là ? on le croirait volontiers, à la voir si peu farouche, après tout ce qui a été dit et écrit sur son compte pour faire croire chez elle à un caractère de sauvagerie.

Le fait est que les étrangers n'y sont point accueillis par une police inquiète et tracassière ; que les touristes — ils y sont nombreux — n'y sont point assassinés en pleine rue et en plein midi, et qu'on y trouve des hôtels convenables.

Tout n'y est pas parfait, sans doute, mais si l'observateur attentif peut, en parcourant l'Italie, noter à la charge d'une certaine classe de sa population, des habitudes de servile obséquiosité, qui fatiguent ceux qui en sont l'objet ; s'il peut, sans injustice, constater un certain laisser-aller de tenue extérieure, dont l'étalage le choque tout d'abord, il faut savoir reconnaître que ces défaillances et quelques autres encore, sont, en somme, affaire de tempérament et de latitude, bien plus que de répression correctionnelle ou criminelle.

Pour ma part, je ne trouve rien à redire au spectacle de ces étrangetés. Il faut bien que des différences se puissent observer d'un pays à l'autre.

Certes, je n'aime ni la vermine, ni les haillons, ni les pastiches, ni les grimaces, ni les grands mots, ni les petitesses, mais j'ai été charmé de trouver, dès le début de mon voyage, des Italiens en Italie, et de les y voir tels qu'ils sont, quitte à prendre les précautions que commandent les circonstances.

Mon plus grand déplaisir, eût été de me rencontrer à Gênes ou à Pise, à Livourne ou à Civita-Vecchia, face à face avec des Italiens de Paris ou de Pantin.

Dans ce sens, Gênes, au moment où j'allais en partir, m'a, sur un certain point, fort mal impressionné.

Je voulais dîner à Gênes avant de reprendre la mer. J'avais le désir, et même un ardent désir, de tâter de la cuisine italienne, sans plus attendre.

Peut-être aurais-je dû m'en ouvrir complètement à mon *cicerone* et lui confier mes préférences et la nature de mes appétits, mais, ayant sans doute autre chose en tête, je n'en ai rien fait, et j'ai été bien puni de cette distraction.

Sous prétexte de me conduire en bon endroit, mon *cicerone* me mena droit à la *Costanza d'Italia*, près de la promenade de l'*Acqua-Sola*.

« C'est, me dit-il, le restaurant le mieux famé de Gênes. »

Hélas ! vous le savez, Madame, le plus souvent le serpent se cache sous les fleurs, et de vrai, sous ces mots : « le restaurant le mieux famé de Gênes », il y avait une piquante surprise à mon adresse.

A la *Costanza d'Italia,* garçons, cuisine et service, tout est français.

Je n'avais point le temps d'aller chercher ailleurs un autre restaurant. Il me fallut donc faire contre fortune bon cœur et manger de mauvaise cuisine française, dans le restaurant le mieux famé de Gênes.

La vie de voyage est faite de ces petites surprises. Celle que j'ai éprouvée le lendemain à Pise est d'une autre sorte, aussi elle m'a été agréable.

A mon grand étonnement, j'ai trouvé là, dans la gare, mon ami Adolphe Godard.

Il venait de Florence se rendant à Rome par voie de terre, et en retard de deux jours sur ses prévisions.

Je l'ai laissé à Livourne, pour continuer ma route par mer, et moi, qui devais ne rejoindre cet ami qu'à Rome, où je le croyais arrivé, j'ai été, au contraire, chargé de porter à sa mère la nouvelle de sa prochaine venue.

Je vous ai fait connaître, Madame, les circonstances de mon passage à Civita-Vecchia, et comment je m'y suis trouvé attardé. Je n'ai donc point à vous en parler ici.

Mais je suis à Rome pour près d'un mois, ce sera certainement un mois d'études fort complexes.

J'y apprendrai beaucoup, et si vous voulez bien me conserver votre bienveillance, je pourrai, par de longues notes, vous confesser mon ignorance actuelle.

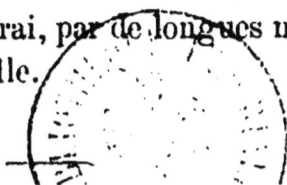

www.ingramcontent.com/pod-product-compliance
Lightning Source LLC
Chambersburg PA
CBHW060631100426
42744CB00008B/1584